Kitzbühel Feb. 2023

DR. OETKER
—VERLAG—
KLASSIKER · SEIT 1891

KARTOFFELSALATE

Einfach lecker

Meine Lieblingsrezepte

DIE DR. OETKER GELING-GARANTIE

UNSER VERSPRECHEN

Liebe Leser*innen,

mit den Rezepten in unseren Koch- und Backbüchern möchten wir Sie und Ihre Lieben glücklich machen. Zum Glück braucht es den Erfolg, und den kaufen Sie mit jedem Dr. Oetker Buch gleich mit.

Dafür gibt es die Dr. Oetker Geling-Garantie. Sie ist unser Versprechen, dass alle Rezepte aus diesem Buch ganz einfach und sicher gelingen. Die Geling-Garantie startet schon bei der Zutatenliste: Alle Zutaten, die wir verwenden, sollten Sie leicht in Ihrem Supermarkt vor Ort einkaufen können. Jeder Zubereitungsschritt ist klar und einfach nachvollziehbar.

Eine Garantie können wir Ihnen aber auch deshalb mit gutem Gewissen geben, weil alle Rezepte dieses Buches von unserem erfahrenen Team entwickelt wurden. Anschließend haben wir jedes Gericht in einer ganz normalen Küche nachgekocht oder nachgebacken. Immer wieder. So lange, bis wir uns sicher waren, dass es gelingt. Und zwar auch bei Ihnen zu Hause.

Was wir versprechen, halten wir auch. Sollte beim Kochen oder Backen eines unserer Rezepte dennoch etwas danebengehen oder Ihnen einfach nicht schmecken, dann lassen Sie es uns wissen. Schreiben Sie oder rufen Sie uns an! Wir werden das Rezept nochmals kritisch prüfen und Ihnen helfen herauszufinden, woran es gelegen haben könnte. Sie erreichen uns unter der Telefonnummer +49(0)89/548 2515-0. Oder schreiben Sie uns eine E-Mail unter: redaktion-oetker@edel.com

Natürlich freuen wir uns aber auch über weitere Rückmeldungen und über Lob. Ihre Ideen, Kommentare und Fragen können Sie jederzeit auch über Facebook posten: www.facebook.com/Dr.OetkerVerlag. Wir sind für Sie da. Garantiert.

Mit herzlichen Grüßen
Ihre Dr. Oetker Redaktion

ALLGEMEINE HINWEISE ZU DEN REZEPTEN

UNSER TIPP
Lesen Sie bitte vor der Zubereitung – besser noch vor dem Einkauf – das Rezept einmal vollständig durch. Oft werden Arbeitsabläufe oder -zusammenhänge dann klarer.

ARBEITSSCHRITTE
Die Zutaten sind in der Reihenfolge ihrer Verarbeitung aufgeführt. Die Arbeitsschritte sind einzeln hervorgehoben, in der Reihenfolge, in der sie von uns ausprobiert wurden.

ZUBEREITUNGSZEITEN
Die angegebene Zubereitungszeit schließt die Dauer der Vorbereitung und die eigentliche Zubereitung mit ein. Sie ist ein Anhaltswert und kann je nach individuellem Geschick oder Übung natürlich ein wenig variieren. Längere Wartezeiten wie zum Beispiel Kühl- oder Abkühlzeiten oder auch Auftauzeit sind in der Regel nicht in der Zubereitungszeit enthalten. Einzige Ausnahme: In dieser Zeit sind parallel andere Arbeitsschritte zu tun. Die Garzeiten sind extra ausgewiesen. Bei einigen Rezepten setzt sich die Gesamt-Garzeit aus mehreren Teil-Garzeiten zusammen.

ZUBEREITUNGSZEIT UND GARZEIT
Die in den Rezepten angegebenen Backofentemperaturen und Garzeiten sind Richtwerte, die je nach individueller Hitzeleistung Ihres Backofens über- oder unterschritten werden können. Prüfen Sie nach Beendigung der angegebenen Garzeit, ob das Gericht gar ist. Die Temperaturangaben in diesem Buch beziehen sich auf Elektrobacköfen. Die Temperatur-Einstellungsmöglichkeiten für Gasbacköfen variieren je nach Hersteller, sodass wir keine allgemeingültigen Angaben machen können. Bitte beachten Sie deshalb bei der Einstellung des Backofens die Gebrauchsanleitung des Herstellers. Ein Backofenthermometer eignet sich dabei gut, um die Backofentemperatur im Blick zu haben.

EINSCHUBHÖHE
In den Rezepten in diesem Buch ist die Einschubhöhe immer dann das untere Drittel des Backofens, wenn nichts anderes angegeben ist.

HINWEISE ZU DEN NÄHRWERTEN
Bei den Nährwertangaben in den Rezepten handelt es sich um auf- bzw. abgerundete ganze Werte. Aufgrund von ständigen Rohstoffschwankungen und/oder Rezepturveränderungen bei Lebensmitteln kann es zu Abweichungen kommen. Die Nährwertangaben dienen daher lediglich Ihrer Orientierung und eignen sich nur bedingt für die Berechnung eines Diätplans.

ABKÜRZUNGEN UND SYMBOLE

EL	Esslöffel
TL	Teelöffel
Msp.	Messerspitze
Pck.	Packung/Päckchen
g	Gramm
kg	Kilogramm
ml	Milliliter
l	Liter
evtl.	eventuell
geh.	gehäuft
gem.	gemahlen
ger.	gerieben
gestr.	gestrichen
TK	Tiefkühlprodukt
°C	Grad Celsius
ø	Durchmesser

KALORIEN-/NÄHRWERTANGABEN

E	Eiweiß
F	Fett
Kh	Kohlenhydrate
kcal	Kilokalorien

KARTOFFELSALAT MIT MAYONNAISE

🕒 Zubereitungszeit: 45 Minuten, ohne Abkühl- und Durchziehzeit
Garzeit: 20–25 Minuten

ZUTATEN FÜR 6 PORTIONEN

800 g festkochende Kartoffeln
2 Zwiebeln
3 hart gekochte Eier
100 g abgetropfte Gewürzgurken (aus dem Glas)

Für die Sauce:

6 EL Salatmayonnaise (50 % Fett)
3 EL Gurkenflüssigkeit
1 EL mittelscharfer Senf

Pro Portion:

E: 10 g, F: 25 g, Kh: 31 g, kcal: 389

---

1. Kartoffeln gründlich waschen und in einem Topf in kochendem Salzwasser, knapp mit Wasser bedeckt, 20–25 Minuten garen.

2. Die Kartoffeln abgießen, abtropfen, kurz abkühlen lassen und heiß pellen. Kartoffeln in Scheiben schneiden und in eine große Schüssel geben.

3. Zwiebeln abziehen und klein würfeln. Eier pellen. Gurken und die Eier in Scheiben schneiden.

4. Für die Sauce Mayonnaise mit Gurkenflüssigkeit und Senf verrühren. Zwiebelwürfel, Gurken- und Eierscheiben mit den abgekühlten Kartoffelscheiben zur Sauce geben und vorsichtig mit einem Teigschaber untermischen. Mit Salz und gemahlenem Pfeffer würzen. Kartoffelsalat mindestens 30 Minuten durchziehen lassen.

Rezeptvarianten:
Süddeutscher Kartoffelsalat
(im Foto unten)
Für 6 Portionen 1 kg festkochende Kartoffeln gründlich waschen, mit einem Lorbeerblatt in einem Topf, knapp mit Salzwasser bedeckt, zugedeckt zum Kochen bringen, bei schwacher Hitze in 20–25 Minuten gar, aber nicht zu weich kochen. 2 Zwiebeln abziehen, klein würfeln. 1 Esslöffel Rapsöl in einem Topf erhitzen, Zwiebelwürfel darin anbraten. Mit 4–5 Esslöffeln Kräuteressig und 125 ml heißer Gemüsebrühe ablöschen, etwa 3 Minuten ziehen lassen. Die Sauce mit Salz und gemahlenem Pfeffer würzen. Die gegarten Kartoffeln abgießen, abtropfen lassen, heiß pellen, in Scheiben schneiden und in eine hitzebeständige Schüssel geben. Die Zwiebelsauce vorsichtig unter die warmen Kartoffelscheiben mischen. Nach und nach 5 Esslöffel Speiseöl hinzugeben. Den Salat einige Stunden durchziehen lassen. Etwa 30 Minuten vor dem Servieren den Backofen vorheizen (Ober-/Unterhitze: etwa 150 °C, Heißluft: etwa 130 °C). Den Salat mit Salz, Pfeffer und Essig nochmals abschmecken. Die Schüssel mit dem Salat auf dem Rost in den vorgeheizten Backofen schieben. Den Salat 15–20 Minuten wärmen, dabei gelegentlich durchschwenken. 2 Esslöffeln Schnittlauchröllchen unterrühren. Den Salat warm servieren.

Lieblingsrezept Nr.

1

KARTOFFELSALAT MIT SPECK UND ZWIEBELN

Zubereitungszeit: 40 Minuten, ohne Abkühl- und Durchziehzeit
Garzeit: 20–25 Minuten

ZUTATEN FÜR 4 PORTIONEN

1,2 kg große Kartoffeln
4 Zwiebeln oder Schalotten
10 dünne Scheiben durchwachsener Speck
5 EL Sonnenblumenöl
3 EL Kräuteressig
1 Bund Schnittlauch

Pro Portion:
E: 11 g, F: 22 g, Kh: 44 g, kcal: 433

1. Kartoffeln gründlich waschen und in einem Topf in kochendem Salzwasser, knapp mit Wasser bedeckt, 20–25 Minuten garen. Kartoffeln abgießen, mit kaltem Wasser abschrecken, abtropfen und etwas abkühlen lassen.

2. Kartoffeln pellen, längs vierteln und in Scheiben schneiden.

3. Zwiebeln oder Schalotten abziehen und in kleine Würfel schneiden. Speckscheiben in Streifen schneiden. Sonnenblumenöl in einer Pfanne erhitzen, Zwiebel- oder Schalottenwürfel darin glasig dünsten, Speckstreifen hinzugeben und darin auslassen. Essig unterrühren, mit Salz, gemahlenem Pfeffer und 1 Prise Zucker würzen.

4. Die Speck-Zwiebel-Masse mit den Kartoffelscheiben vermischen, mit Salz und Pfeffer abschmecken.

5. Zum Servieren den Schnittlauch unter fließend kaltem Wasser abspülen, mit Küchenpapier abtupfen und in Röllchen schneiden. Salat noch mal abschmecken, Schnittlauchröllchen unter den Salat heben und auf einer Platte anrichten.

TIPPS:

Den Salat auf grünen Salatblättern anrichten. Nach Belieben können die Kartoffeln auch mit Schale zum Salat verarbeitet werden.

Anstelle vom Speck 10 Radieschen verwenden. Dafür die Radieschen putzen, waschen und gut abtropfen lassen. Radieschen erst in Scheiben und die Scheiben in Streifen schneiden. Radieschen dann nicht in der Pfanne mit andünsten, sondern wie unter Punkt 5 beschrieben, mit unter den Salat mischen.

Lieblingsrezept Nr.

2

SCHNELLER KARTOFFELSALAT

🕐 Zubereitungszeit: 15 Minuten, ohne Durchziehzeit

ZUTAenT FÜR 2 PORTIONEN

375 g gegarte Pellkartoffeln
2 abgetropfte Gewürzgurken (aus dem Glas)
200 g fertiger Fleischsalat (aus dem Kühlregal)
etwas Gurkenflüssigkeit (von den Gurken)
2 hart gekochte Eier

Pro Portion:
E: 15 g, F: 41 g, Kh: 32 g, kcal: 567

1. Kartoffeln pellen, in Würfel schneiden und in eine große Schüssel geben. Gurken in dünne Scheiben schneiden und zu den Kartoffelwürfeln geben.

2. Fleischsalat mit etwas Gurkenflüssigkeit verrühren und untermischen. Den Kartoffelsalat mit Salz, gemahlenem Pfeffer und 1 Prise Zucker abschmecken.

3. Die Eier pellen und in Achtel schneiden. Einige Eierachtel zum Garnieren beiseitelegen. Die restlichen Eierachtel vorsichtig unter den Salat heben. Den Salat zugedeckt im Kühlschrank etwas durchziehen lassen.

4. Den Salat evtl. nochmals mit Salz, Pfeffer, Zucker und etwas Gurkenflüssigkeit abschmecken. Dann den Kartoffelsalat mit den beiseitegelegten Eierachteln garnieren und genießen.

Rezeptvariante: Kartoffel-Gurken-Salat

Für 10 Portionen 2 kg festkochende Kartoffeln gründlich waschen, knapp mit Salzwasser bedeckt zum Kochen bringen. Die Kartoffeln zugedeckt in 20–25 Minuten gar kochen. Die Kartoffeln abgießen, mit kaltem Wasser abschrecken, abtropfen lassen und warm pellen. Kartoffeln abkühlen lassen, in Scheiben schneiden und in eine große Schüssel geben. 2 Gläser Gewürzgurken (Abtropfgewicht je 360 g) abgießen und den Sud auffangen. Die Gurken in feine Scheiben schneiden und zu den Kartoffelscheiben geben. Für die Marinade 1 Knoblauchzehe abziehen und in kleine Würfel schneiden. 1 Bund Dill abspülen und trocken tupfen. Die Spitzen von den Stängeln zupfen. Spitzen grob zerkleinern. Für die Marinade 80 ml Weißweinessig mit 1 Esslöffel mittelscharfem Senf, 1 Esslöffel flüssigem Honig, 50 ml Zitronensaft und 200 ml Gurkenflüssigkeit (aus den Gläsern) verrühren. 50 ml Olivenöl unterschlagen. Mit Salz, gemahlenem Pfeffer und 1 Prise Zucker verrühren. Knoblauchwürfel und Dill unterrühren. Die Marinade zu den Kartoffel- und Gurkenscheiben geben, vorsichtig unterheben. Den Kartoffel-Gurken-Salat kräftig mit Salz abschmecken. Kurz vor dem Servieren 2 Salatgurken schälen, längs halbieren und entkernen. Gurkenhälften in Scheiben schneiden und unter den Salat mischen. Nochmals mit Salz und Pfeffer abschmecken.

T TIPP:

Dazu passen Wiener Würstchen oder Bratwürstchen.

Klassiker

Lieblingsrezept Nr.

3

STEIRISCHER KARTOFFELSALAT

Zubereitungszeit: 25 Minuten, ohne Durchziehzeit
Vegetarisch

ZUTATEN FÜR 6 PORTIONEN

1 kg gegarte Pellkartoffeln (vorwiegend festkochend)

Für das Dressing:

225 ml heiße Gemüsebrühe
50 ml Kräuteressig
40 ml Rapsöl
1 Prise Currypulver

200 g abgetropfter, eingelegter Kürbis (aus dem Glas)
3 hart gekochte Eier
½ Bund Frühlingszwiebeln
3 EL geröstete Kürbiskerne
2 EL Kürbiskernöl

Pro Portion:

E: 9 g, F: 15 g, Kh: 22 g, kcal: 269

1. Pellkartoffeln pellen und in Scheiben schneiden.

2. Für das Dressing Brühe mit Essig in einer großen Salatschüssel verrühren. Rapsöl unterschlagen. Die Sauce mit Curry, Salz, gemahlenem Pfeffer und 1 Prise Zucker würzen.

3. Kürbisstücke und Kartoffelscheiben mit dem Dressing vermischen. Den Salat mindestens 10 Minuten durchziehen lassen.

4. Eier pellen und in Stücke schneiden. Die Frühlingszwiebeln putzen, abspülen, abtropfen lassen und in feine Scheiben schneiden. Den Kartoffelsalat nochmals mit Salz und Pfeffer abschmecken. Den Kartoffelsalat mit Eierstücken, Frühlingszwiebelscheiben und Kürbiskernen anrichten, mit Kürbiskernöl beträufeln.

Abwandlung:
In der Herbstsaison kann dieser würzige Salat auch mit frischem Kürbis serviert werden. Dazu 600 g geputztes und in mundrechte Würfel geschnittenes Kürbisfruchtfleisch (z. B. Hokkaido oder Butternut) in 3 Esslöffeln Olivenöl andünsten. Mit Salz, Pfeffer und Currypulver kräftig würzen. Je 100 ml Gemüsebrühe und Sahne hinzugießen, zum Kochen bringen und zugedeckt bei schwacher Hitze 3–5 Minuten mit noch leichtem Biss dünsten. Kürbiswürfel erkalten lassen und abgetropft auf dem Salat anrichten.

TIPP:

Wer gern ein cremig-mildes Dressing mag, verwendet nur 100 ml Gemüsebrühe und mischt zusätzlich 150 g Crème fraîche und 150 g Joghurt (3,5 % Fett) unter die Zutaten.

Lieblingsrezept Nr.

4

PIKANTER KARTOFFELSALAT

Zubereitungszeit: 40 Minuten, ohne Durchziehzeit
Garzeit: 20–25 Minuten

ZUTATEN FÜR 6 PORTIONEN

1 kg festkochende Kartoffeln
250 g Kasseleraufschnitt (oder gekochtes Rindfleisch im Stück)
1 Bund Frühlingszwiebeln
150 g gedünstete Pfifferlinge
200 g Cocktailtomaten

Für die Salatsauce:

1 Pck. TK-Zwiebel-Duo
3 EL Kräuteressig
40 TL mittelscharfer Senf
50 ml Speiseöl
40 ml Gemüsebrühe

Pro Portion:

E: 15 g, F: 13 g, Kh: 22 g, kcal: 273

1. Kartoffeln gründlich waschen und in einem Topf in kochendem Salzwasser, knapp mit Wasser bedeckt, 20–25 Minuten garen. Kartoffeln abgießen, mit kaltem Wasser abschrecken, abtropfen lassen, sofort pellen und in Scheiben schneiden. Rindfleisch oder Kasseler in Würfel schneiden.

2. Frühlingszwiebeln putzen, abspülen, gut abtropfen lassen und in schmale Streifen schneiden. Pfifferlinge evtl. halbieren.

3. Tomaten abspülen, trocken tupfen, halbieren und die Stängelansätze herausschneiden. Die vorbereiteten Salatzutaten in eine Schüssel geben und mischen.

4. Für die Sauce Zwiebeln, Essig, Senf, Salz und gemahlenen Pfeffer verrühren. Speiseöl und Brühe unterschlagen. Die Sauce mit den Salatzutaten mit einem Teigschaber vermengen. Den Salat etwa 1 Stunde durchziehen lassen.

Rezeptvariante: Kartoffelsalat mit Frischkäse-Dressing

Für 4 Portionen für das Dressing 200 ml Fleischbrühe mit 2 Esslöffel Weißweinessig und 1 Esslöffel mittelscharfem Senf in einer großen Salatschüssel verrühren. 5 Esslöffel Speiseöl unterschlagen, 150 g Kräuter-Frischkäse unterrühren. Dressing mit Salz und gemahlenem Pfeffer würzen. 750 g gegarte, kleine, neue Pellkartoffeln nach Belieben pellen, halbieren oder vierteln und unter das Dressing mischen. Den Salat etwa 5 Minuten durchziehen lassen. In der Zwischenzeit 1 großes Bund Brunnenkresse abspülen und trocken tupfen. Kresse zu einem Bund zusammenfassen und die Stiele abschneiden. 200 g Räucherlachs (in Scheiben) in Streifen schneiden. Den Kartoffelsalat nochmals mit Salz und Pfeffer abschmecken. Mit Kresse und Lachsstreifen anrichten.

TIPPS:

Zum Vorbereiten bereits 1–2 Tage vorher Kartoffeln garen und mit dem Fleisch und dem Dressing mischen. Zugedeckt im Kühlschrank aufbewahren. Die Mischung dann zum Servieren mit etwa 100 ml heißer Gemüsebrühe verrühren, nochmals abschmecken und mit den restlichen Zutaten als Salat anrichten.

Statt Pfifferlingen eignen sich auch gebratene Champignons.

Lieblingsrezept Nr.

5

KARTOFFELSALAT MIT PESTO

🕐 Zubereitungszeit: 20 Minuten, ohne Durchziehzeit
Garzeit: 15–20 Minuten

ZUTATEN FÜR 4 PORTIONEN

1 kg festkochende Kartoffeln
180 g abgetropfte getrocknete Tomaten in Öl (aus dem Glas)
90 g grünes Pesto (z. B. Basilikumpesto)
etwa 3 EL Zitronensaft
2–3 EL Tomatenöl (aus dem Glas)
evtl. einige Basilikumblättchen

Pro Portion:
E: 10 g, F: 19 g, Kh: 47 g, kcal: 413

1. Die Kartoffeln gründlich waschen, abbürsten und in einem Topf in kochendem Salzwasser, knapp mit Wasser bedeckt, in 20–25 Minuten gar kochen. Dann die Kartoffeln abgießen, mit kaltem Wasser abschrecken und abtropfen lassen.

2. Von den eingelegten Tomaten das Tomatenöl auffangen. Die Tomaten evtl. etwas kleiner schneiden.

3. Das Pesto mit dem Zitronensaft in eine große Schüssel geben und verrühren. Die Kartoffeln ungepellt halbieren oder vierteln (je nach Größe) und ebenfalls in die Schüssel geben. Die Tomaten hinzugeben und alles vorsichtig vermischen.

4. Den Kartoffelsalat mit Salz, gemahlenem Pfeffer und etwas Tomatenöl abschmecken. Den Salat zugedeckt etwa 60 Minuten durchziehen lassen.

Rezeptvariante:
Mamas Kartoffelsalat
(im Foto unten) die Kartoffeln wie im Rezept (Punkt 1) beschrieben zubereiten, etwas abkühlen lassen, pellen und in dünne Scheiben schneiden. 1 Zwiebel abziehen und fein würfeln. 3–4 Frühlingszwiebeln putzen, abspülen, abtropfen lassen, zuerst in etwa 3 cm lange Stücke und dann in dünne Streifen schneiden. 1 kleines Bund Radieschen putzen, abspülen, abtropfen lassen und in Spalten schneiden. Etwa 110 g abgetropfte kleine Gewürzgurken (aus dem Glas, die Gurkenflüssigkeit zum Abschmecken beiseitestellen) in Scheiben schneiden. Für die Salatsauce 4 Esslöffel Salatmayonnaise mit 2 Teelöffeln mittelscharfem Senf, 150 g Joghurt (1,5 % Fett) und 150 g Crème fraîche verrühren, mit Salz, Pfeffer und Zucker würzen. Die Salatzutaten mit der Salatsauce vermengen. Den Salat zugedeckt im Kühlschrank mindestens 30 Minuten durchziehen lassen. Vor dem Servieren den Salat vorsichtig umrühren, nochmals mit Salz, Pfeffer, Zucker und etwas Gurkenflüssigkeit abschmecken.

T TIPP:

Der Kartoffelsalat mit Pesto passt gut zum gebratenen Seelachsfilet.

Klassiker

Lieblingsrezept Nr.

6

15

WARMER KARTOFFELSALAT

🕐 Zubereitungszeit: 25 Minuten, ohne Durchziehzeit
Garzeit: 20–25 Minuten

ZUTATEN FÜR 4 PORTIONEN

1 kg festkochende Kartoffeln
2 Zwiebeln
75 g fetter Speck
125 ml Gemüsebrühe
4–5 EL Kräuteressig
2 EL Schnittlauchröllchen

Pro Portion:
E: 6 g, F: 17 g, Kh: 35 g, kcal: 323

1. Kartoffeln gründlich waschen und in einem Topf in kochendem Salzwasser, knapp mit Wasser bedeckt, 20–25 Minuten garen.

2. Zwiebeln abziehen. Zwiebeln und Speck fein würfeln. Eine große Pfanne ohne Fett erhitzen. Speckwürfel darin ausbraten. Ausgebratene Speckgrieben mit einer Schaumkelle aus der Pfanne nehmen und beiseitestellen.

3. Zwiebelwürfel kurz blassgelb andünsten, Brühe in die Pfanne geben, kurz aufkochen lassen. Essig unterrühren. Die Marinade mit Salz, gemahlenem Pfeffer und Zucker abschmecken.

4. Die garen Kartoffeln abgießen, mit kaltem Wasser abschrecken, abtropfen lassen, sofort pellen, in Scheiben schneiden und in die Pfanne geben. Marinade mit den Kartoffeln vermengen und einige Minuten auf der ausgeschalteten Kochstelle ziehen lassen.

5. Salat nochmals mit Salz, Pfeffer und Essig abschmecken, mit beiseite gestellten Speckgrieben und Schnittlauchröllchen bestreut servieren.

Rezeptvariante:
Kartoffelsalat mit Bacon
Für 4 Portionen 800 g kleine festkochende Kartoffeln gründlich waschen, mit Wasser bedeckt zum Kochen bringen, zugedeckt in 20–25 Minuten gar kochen. Kartoffeln abgießen, mit kaltem Wasser abschrecken, abtropfen lassen, sofort pellen und etwas abkühlen lassen (größere Kartoffeln halbieren). Kartoffeln in eine große Schüssel geben. 250 ml heiße Gemüsebrühe in einem Topf zum Kochen bringen, 2 Esslöffel Weißweinessig und 2 Teelöffel Rotisseur-Senf unterrühren, mit Salz und gemahlenem Pfeffer würzen. Die Kartoffeln mit der heißen Brühe übergießen. 4 Stangen Staudensellerie putzen, abspülen, abtropfen lassen, in Scheiben schneiden und zu den Kartoffeln geben. 200 g Bacon (Frühstücksspeck) in Streifen schneiden. 2 Esslöffel Speiseöl in einer Pfanne erhitzen, Speckstreifen darin unter Wenden kross ausbraten. 4 rote Zwiebeln abziehen, in Scheiben schneiden, zu den Speckstreifen geben und kurz mit andünsten. Speck-Zwiebel-Masse zu den Kartoffeln geben und unterheben. Den Salat einige Stunden durchziehen lassen. Beiseitegelegtes Selleriegrün abspülen und trocken tupfen. Den Salat nochmals mit Salz und Pfeffer abschmecken, mit Selleriegrün garniert servieren.

Lieblingsrezept Nr.

7

KARTOFFEL-BOHNEN-SALAT MIT SCHAFSKÄSESAUCE

Zubereitungszeit: 30 Minuten, ohne Durchziehzeit
Garzeit: 8–10 Minuten

ZUTATEN FÜR 4 PORTIONEN

250 g Prinzessbohnen (feine grüne Bohnen)

Für die Schafskäsesauce:
180 g Schafskäse (9 % Fett)
200–225 ml Milch (3,5 % Fett)
1–1 1/2 TL mittelscharfer Senf
2–3 EL Zitronensaft
750 g gegarte mittelgroße Pellkartoffeln, z. B. vom Vortag
etwa 200 g Zucchini
1 großes Bund Frühlingszwiebeln (etwa 300 g)
4 EL Sonnenblumenkerne
je 1 Bund Petersilie und Schnittlauch

Pro Portion:
E: 19 g, F: 9 g, Kh: 48 g, kcal: 358

1. Von den Bohnen die Enden abschneiden, evtl. abfädeln. Die Bohnen abspülen, abtropfen lassen und in kleine Stücke schneiden. Wasser in einem Topf zum Kochen bringen, Salz hinzugeben und die Bohnenstücke darin 8–10 Minuten garen. Die Bohnen in ein Sieb geben, kurz mit kaltem Wasser abschrecken, abtropfen und erkalten lassen.

2. Für die Sauce in der Zwischenzeit den Schafskäse mit 200 ml Milch in einen hohen Rührbecher geben und mit einem Pürierstab cremig pürieren. Senf, Zitronensaft und evtl. die restliche Milch unterrühren. Das Schafskäse-Dressing mit gemahlenem Pfeffer und evtl. etwas Salz abschmecken.

3. Die Pellkartoffeln pellen, in Scheiben schneiden und unter die Sauce rühren. Den Salat etwa 5 Minuten durchziehen lassen, dabei gelegentlich mit einem Teigschaber umrühren.

4. In der Zwischenzeit die Zucchini abspülen, abtrocknen und die Enden abschneiden. Zucchini in kleine Würfel schneiden. Frühlingszwiebeln putzen, abspülen, gut abtropfen lassen und in feine Scheiben schneiden.

5. Abgekühlte Bohnen, Zucchiniwürfel und Frühlingszwiebelscheiben unter den Salat rühren. Den Salat zugedeckt etwa 30 Minuten im Kühlschrank durchziehen lassen.

6. Die Sonnenblumenkerne in einer Pfanne ohne Fett unter Wenden anrösten und dann auf einen Teller geben.

7. Petersilie und Schnittlauch abspülen und trocken tupfen. Petersilienblättchen von den Stängeln zupfen und fein schneiden. Den Schnittlauch in kleine Röllchen schneiden.

8. Die Kräuter unter den Salat rühren. Den Salat nochmals mit den Gewürzen abschmecken und mit den Sonnenblumenkernen bestreut servieren.

Lieblingsrezept Nr.

8

KARTOFFELSALAT MIT BLAUSCHIMMEL-CREME-TOPPING

Zubereitungszeit: 40 Minuten, ohne Abkühlzeit
Garzeit: etwa 25 Minuten

ZUTATEN FÜR 4–6 PORTIONEN

1 kg kleine Kartoffeln
2 Stängel Rosmarin
1 gestr. TL Paprikapulver edelsüß
6 EL Erdnussöl
50 g Walnusskernhälften
250 g Prinzessbohnen (feine grüne Bohnen)
3 Eier (Größe M)
2 Birnen
1 EL Puderzucker
5 EL Apfelessig
2 EL flüssiger Honig
100 g Edelpilzkäse
200 g Schmand (Sauerrahm)
1 kleiner Kopf Radicchio

Pro Portion:
E: 21 g, F: 46 g, Kh: 62 g, kcal: 768

1. Den Backofen vorheizen. Ober-/Unterhitze: etwa 220°C Heißluft: etwa 200 °C

2. Kartoffeln unter fließendem kalten Wasser abbürsten und gut abtropfen lassen. Kartoffeln längs halbieren. Rosmarin abspülen, trocken tupfen und die Nadeln von den Stängeln zupfen.

3. Kartoffelhälften, Rosmarinnadeln, Paprika, 2 Esslöffel Meersalz und 2 Esslöffel Erdnussöl in einer Schüssel vermischen und mit gemahlenem Pfeffer würzen. Kartoffelhälften darin wenden. Kartoffelhälften auf einem Backblech (mit Backpapier belegt) verteilen und im vorgeheizten Backofen **etwa 25 Minuten garen.** Kartoffeln sollten dabei nicht zu weich werden.

4. Walnusskerne auf einem zweiten Backblech (mit Backpapier belegt) verteilen und etwa 5 Minuten mit in den heißen Backofen schieben. Anschließend aus dem Backofen nehmen, Walnusskerne erkalten lassen.

5. Prinzessbohnen putzen, abspülen, und in kochendem Salzwasser etwa 6 Minuten garen. Anschließend in ein Sieb geben, mit eiskaltem Wasser abschrecken und abtropfen lassen.

6. Eier in kochendem Wasser garen. Ein Ei sollte nur 5 Minuten und die beiden anderen Eier 7 Minuten kochen. Die gekochten Eier abschrecken und pellen. (Eier dabei nicht vertauschen).

7. Birnen schälen, entstielen, halbieren, entkernen und längs in Spalten schneiden. 2 Esslöffel von dem restlichen Erdnussöl in einer Pfanne erhitzen. Die Birnen darin etwa 1 Minuten dünsten. Mit Puderzucker bestäuben und bei mittlerer Hitze etwa 2 Minuten karamellisieren lassen. Mit 2 Esslöffeln Apfelessig ablöschen, die Pfanne von der Kochstelle nehmen, die Birnen etwas abkühlen lassen.

8. Die Kartoffelhälften mit den Bohnen und Birnenspalten in eine Schüssel geben. 3 Esslöffel Apfelessig mit je 1 Esslöffel Honig und Erdnussöl verrühren, mit Salz und Pfeffer abschmecken. Marinade mit den Zutaten in der Schüssel vermischen.

9. Edelpilzkäse mit einer Gabel zerbröseln und ⅔ davon mit Schmand, restlichem Honig, restlichem Erdnussöl und dem 5 Minuten-Ei in einem Mixbecher pürieren. Die Sauce mit Salz und Pfeffer abschmecken.

10. Radicchio putzen, halbieren und den Strunk entfernen. Radicchio abspülen, trocken tupfen und in Streifen schneiden. Salatstreifen auf Tellern dekorativ verteilen und die marinierten Kartoffeln, Bohnen und Birnen daraufgeben. Die beiden 7 Minuten-Eier mit einem Eierschneider vierteln und ebenfalls darauf verteilen. Mit den Walnusskernen bestreuen und mit der Edelpilz-Creme beträufeln. Restlichen Käse über den Salat krümeln.

Vegetarische Kartoffelsalate

Lieblingsrezept Nr.

9

KARTOFFEL-SPARGEL-SALAT

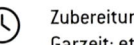

🕐 Zubereitungszeit: 30 Minuten
Garzeit: etwa 10 Minuten

ZUTATEN FÜR
4 PORTIONEN

600 g kleine neue Kartoffeln, z. B. Drillinge
800 g grüner Spargel
4 Möhren
4 TL Sesamsamen
4 Frühlingszwiebeln

Für das Dressing:
500 g Joghurt (1,5 % Fett)
4 TL Sojasauce
4 TL Sesamöl

2 Beete Shiso-Kresse oder 5 EL Gartenkresse

Pro Portion:
E: 13 g, F: 9 g, Kh: 39 g, kcal: 299

1. Die Kartoffeln unter fließendem kalten Wasser abbürsten, und in einem Topf in kochendem Salzwasser, knapp mit Wasser bedeckt, in 10–15 Minuten knapp gar kochen.

2. In der Zwischenzeit von dem Spargel das untere Drittel schälen und die unteren Enden abschneiden. Spargel abspülen, abtropfen lassen und schräg in etwa 4 cm lange Stücke schneiden. Möhren putzen, schälen, abspülen, abtropfen lassen und in Stifte schneiden.

3. Spargelstücke in kochendem Salzwasser zugedeckt in 6–8 Minuten bissfest garen. Möhrenstifte nach 4–6 Minuten Garzeit zum Spargel geben und mitgaren lassen.

4. Kartoffeln und Spargel mit den Möhrenstiften abgießen und abtropfen lassen. Die Kartoffeln nach Belieben pellen. Kartoffeln, Möhrenstifte und Spargel etwas abkühlen lassen.

5. In der Zwischenzeit Sesam in einer Pfanne ohne Fett unter Wenden goldbraun rösten und auf einen Teller geben. Frühlingszwiebeln putzen, abspülen, abtropfen lassen und schräg in feine Scheiben schneiden.

6. Für das Dressing Joghurt mit Sojasauce und Sesamöl gut verrühren, mit Salz und gemahlenem Pfeffer würzen. Kartoffeln halbieren oder vierteln, mit den Frühlingszwiebelscheiben zum Dressing geben und unterrühren. Spargelstücke und Möhrenstifte vorsichtig unter den Salat heben.

7. Kresse abspülen, abtropfen lassen und vom Beet schneiden. Den Kartoffelsalat anrichten, mit Kresse und Sesam bestreuen.

Rezeptvariante:
Kartoffel-Gemüse-Salat
Für 4–6 Portionen 500 g kleine festkochende Kartoffeln gründlich waschen, mit Salzwasser knapp bedeckt zum Kochen bringen, zugedeckt in 20–25 Minuten gar kochen. Kartoffeln abgießen, mit kaltem Wasser abschrecken, abtropfen lassen, sofort pellen und lauwarm abkühlen lassen. Kartoffeln in Scheiben schneiden und in eine große Schüssel geben. Etwa 400 g Möhren und etwa 400 g Knollensellerie putzen, schälen, waschen, abtropfen lassen. Etwa 250 g Lauch putzen, die Stange längs halbieren, Lauch waschen, abtropfen lassen. Möhren und Sellerie in Scheiben, Lauch in Stücke schneiden und in kochendem Salzwasser blanchieren (Möhren- und Selleriescheiben etwa 5 Minuten, Lauchstücke höchstens 1 Minute). Anschließend auf ein Sieb geben, mit kaltem Wasser übergießen, abtropfen lassen, zu den Kartoffelscheiben geben und untermischen. Für die Marinade 1 Bund Bärlauch waschen, trocken tupfen und klein schneiden. 200 ml Gemüsebrühe mit 4 Esslöffeln Kräuteressig, Salz und gemahlenem Pfeffer in einem kleinen Topf verrühren und erhitzen, 8 Esslöffel Speiseöl unterschlagen. Bärlauch unterrühren. Die heiße Marinade zu den Kartoffel- und Gemüsescheiben geben und vorsichtig unterheben. Den Salat einige Stunden kalt stellen und durchziehen lassen. Den Salat mit 40 g Sonnenblumenkernen bestreut servieren.

Lieblingsrezept Nr.

10

FRUCHTIGER KARTOFFELSALAT

Zubereitungszeit: 40 Minuten, ohne Abkühl- und Durchziehzeit
Garzeit: 20–25 Minuten

ZUTATEN FÜR 6 PORTIONEN

1 kg festkochende Kartoffeln
je ½ rote und gelbe Paprikaschote
1 mittelgroße Zwiebel
1 mittelgroßer Apfel mit roter Schale
1 hart gekochtes Ei
500 g Joghurt-Salatcreme (aus dem Glas)

Pro Portion:
E: 5 g, F: 14 g, Kh: 32 g, kcal: 280

1. Kartoffeln gründlich waschen und in einem Topf in kochendem Salzwasser, knapp mit Wasser bedeckt, 20–25 Minuten garen. Kartoffeln abgießen, abtropfen und kurz abkühlen lassen. Kartoffeln pellen, erkalten lassen und in Scheiben schneiden.

2. Paprikaschotenhälften entstielen, entkernen und die weißen Scheidewände entfernen. Schotenhälften abspülen, abtropfen lassen und in dünne Streifen schneiden. Zwiebel abziehen und sehr klein würfeln. Apfel heiß abwaschen, abtrocknen, vierteln, entkernen und mit der Schale in schmale Spalten schneiden. Ei pellen und in kleine Stücke schneiden.

3. Die vorbereiteten Salatzutaten in einer großen Schüssel mischen. Joghurt-Salatcreme unterheben. Den Kartoffelsalat mit Salz und gemahlenem Pfeffer würzen.

4. Den Kartoffelsalat zugedeckt in den Kühlschrank stellen und einige Stunden oder über Nacht durchziehen lassen.

Rezeptvariante:
Leichter Kartoffelsalat
Für 6 Portionen 1,2 kg festkochende Kartoffeln gründlich waschen, mit Salzwasser knapp bedeckt zum Kochen bringen, zugedeckt in 20–25 Minuten gar kochen. Kartoffeln abgießen, mit kaltem Wasser abschrecken, abtropfen lassen, sofort pellen und lauwarm abkühlen lassen. Kartoffeln in Scheiben schneiden und in eine große Schüssel geben. 6 Tomaten abspülen, trocken tupfen, vierteln, entkernen und die Stängelansätze herausschneiden. Tomatenviertel in Würfel schneiden. 1 Zucchini waschen, abtrocknen und die Enden abschneiden. Zucchini in dünne Scheiben schneiden oder hobeln. 2 Stangen Staudensellerie putzen und die harten Außenfäden abziehen. Sellerie waschen, abtropfen lassen und in Scheiben schneiden. Selleriescheiben in kochendem Wasser etwa 1 Minute blanchieren, auf ein Sieb geben, mit kaltem Wasser übergießen und abtropfen lassen. Tomatenwürfel, Zucchini- und Selleriescheiben zu den Kartoffelscheiben geben und untermengen. Für das Dressing 2 Bund Schnittlauch abspülen, trocken schütteln und in Röllchen schneiden. 500 g Naturjoghurt mit Salz, gemahlenem Pfeffer und 1 Prise Zucker verrühren. 1 Esslöffel Kürbiskernöl unterschlagen. Schnittlauchröllchen hinzufügen. Salatzutaten mit dem Dressing mischen und den Salat nochmals abschmecken.

Lieblingsrezept Nr.
11

PROVENZALISCHER KARTOFFELSALAT

Zubereitungszeit: 65 Minuten
Garzeit: Kartoffeln 20–25 Minute

ZUTATEN FÜR 6 PORTIONEN

700 g kleine festkochende Kartoffeln, z. B. Annabelle
500 g Staudensellerie
je 2 gelbe und grüne Paprikaschoten (etwa 800 g)
6 mittelgroße Tomaten (etwa 600 g)
8 EL Olivenöl
170 g abgetropfte grüne Oliven ohne Stein (aus dem Glas)
4 EL Balsamico-Essig
Saft und Abrieb von einer Bio-Zitrone
1 EL flüssiger Honig
Knoblauchpulver

1 Zweig Rosmarin

Pro Portion:
E: 5 g, F: 18 g, Kh: 22 g, kcal: 277

1. Kartoffeln gründlich waschen und in einem Topf in kochendem Salzwasser, knapp mit Wasser bedeckt, 20–25 Minuten garen. Kartoffeln abgießen, mit kaltem Wasser abschrecken, abtropfen lassen, sofort pellen und lauwarm abkühlen lassen. Kartoffeln in Scheiben schneiden und in eine große Schüssel geben.

2. Sellerie putzen abspülen, abtropfen lassen und in dünne Scheiben schneiden. Paprikaschoten halbieren, entstielen, entkernen und die weißen Scheidewände entfernen. Die Schoten abspülen, trocken tupfen und in kleine Stücke schneiden. Tomaten abspülen, trocken tupfen, vierteln, entkernen und die Stängelansätze herausschneiden. Tomaten achteln.

3. Etwas von dem Olivenöl in einer Pfanne erhitzen. Selleriescheiben und Paprikastücke darin bei schwacher Hitze etwa 5 Minuten andünsten.

4. Selleriescheiben, Paprikastücke, Tomatenachtel und Oliven zu den Kartoffelscheiben geben und vorsichtig mischen.

5. Essig, Zitronensaft und -abrieb mit Honig, Salz, gemahlenem Pfeffer und Knoblauch verrühren. Restliches Olivenöl unterschlagen. Die Marinade über die Salatzutaten geben und vorsichtig unterheben.

6. Den Rosmarinzweig abspülen, trockenschütteln, die Nadeln von dem Zweig streifen und über den Salat streuen.

Beilage: Gebratene Hähnchenschenkel oder gebackener Fetakäse.

TIPPS:

Die Kartoffeln können auch ungepellt in Scheiben geschnitten werden.

Anstelle von Knoblauchpulver kann auch frischer Knoblauch verwendet werden. Dafür 1–2 Knoblauchzehe abziehen und durch eine Presse drücken oder in ganz feine Würfel schneiden und in die Marinade geben.

Vegetarische Kartoffelsalate

Lieblingsrezept Nr.

12

KARTOFFELSALAT MIT TAHINA-SAUCE

Zubereitungszeit: 25 Minuten, ohne Abkühlzeit
Garzeit: 15–20 Minuten

ZUTATEN FÜR 4 PORTIONEN

500 g kleine, festkochende Kartoffeln
1 Zwiebel
2 EL Olivenöl
1 TL Instant-Gemüsebrühepulver
2 EL Tahina (Sesampaste aus dem Glas)
2–3 EL Zitronensaft (frisch gepresst oder aus dem Fläschchen)
250 g feine grüne Bohnen (frisch oder TK)
2–3 EL Joghurt (3,5 % Fett) oder Soja-Joghurt-Alternative
evtl. etwas fertige Gemüsebrühe (Instant)
6 kleine Tomaten
150 g milde schwarze Oliven mit Stein

Pro Portion:
E: 6 g, F: 14 g, Kh: 23 g, kcal: 260

1. Kartoffeln gründlich unter fließendem kalten Wasser abbürsten. Kartoffeln knapp mit Wasser bedeckt in einem Topf zum Kochen bringen, Salz hinzufügen. Kartoffeln zugedeckt in 15–20 Minuten gar kochen.

2. In der Zwischenzeit die Zwiebel abziehen und in kleine Würfel schneiden. Olivenöl in einem Topf erhitzen, die Zwiebelwürfel darin glasig dünsten. Mit 75 ml Wasser ablöschen und aufkochen. Brühepulver und Tahina gründlich (z. B. mit einem kleinen Schneebesen) einrühren und auflösen. Mit Salz, gemahlenem Pfeffer und 2 Esslöffeln Zitronensaft würzen.

3. Kartoffeln abgießen, mit kaltem Wasser abschrecken, abtropfen lassen und pellen. Kartoffeln nach Belieben klein schneiden und mit dem Dressing mischen, lauwarm abkühlen lassen.

4. Inzwischen Bohnen putzen, evtl. abfädeln. Bohnen abspülen, abtropfen lassen und in Stücke brechen. Die Bohnen zugedeckt in kochendem Salzwasser 10–12 Minuten garen.

5. Bohnen abgießen, abtropfen lassen und unter die Kartoffeln mischen. Joghurt und nach Belieben noch etwas Brühe unter den Kartoffelsalat mischen.

6. Tomaten abspülen, trocken tupfen, halbieren und die Stängelansätze herausschneiden, Tomaten klein schneiden. Tomaten und Oliven ebenfalls unter den Salat mischen.

7. Den Salat vor dem Servieren mit Salz, Pfeffer und restlichem Zitronensaft abschmecken.

TIPP:

Kennen Sie Tempeh? Dieses aus fermentierten Soja- oder Lupinenbohnenkernen hergestellte asiatische Eiweißprodukt ist perfekt für alle, die sich abwechslungsreich vegan ernähren möchten. Tempeh wird als eiweißhaltiger Fleischersatz z. B. in Scheiben geschnitten und gebraten. Tempeh kann mit Kräutern, Gewürzen oder Sojasauce gewürzt zu diesem Salat serviert werden. Tempeh hat einen angenehm milden, leicht nussig-würzigen Geschmack, mit dezentem Pilzaroma.

Lieblingsrezept Nr.

13

KARTOFFEL-EIER-SALAT

Zubereitungszeit: 20 Minuten, ohne Abkühlzeit
Garzeit: 20–25 Minuten

ZUTATEN FÜR 4 PORTIONEN

500 g Kartoffeln
4 hart gekochte Eier
12 Radieschen
1 kleine Salatgurke (etwa 250 g)
1/2 Kopf grüner Salat
200 g Zaziki
4 Frühlingszwiebeln
20 g gehobelter Parmesan

Pro Portion:
E: 16 g, F: 17 g, Kh: 21 g, kcal: 308

1. Kartoffeln gründlich waschen, und in einem Topf in kochendem Salzwasser, knapp mit Wasser bedeckt, in 20–25 Minuten gar kochen. Kartoffeln abgießen, mit kaltem Wasser abschrecken, abtropfen lassen, sofort pellen und lauwarm abkühlen lassen. Kartoffeln in Scheiben schneiden und in eine große Schüssel geben.

2. Eier pellen und in Scheiben schneiden. Radieschen putzen, abspülen und trocken tupfen. Gurke abspülen, trocken tupfen und die Enden abschneiden. Radieschen und Gurke mit Schale in dünne Scheiben schneiden. Grünen Salat verlesen, längs in Stücke schneiden, waschen und gut abtropfen lassen.

3. Die vorbereiteten Salatzutaten getrennt auf einer großen Platte anrichten. Mit Salz und gemahlenem Pfeffer würzen. Zaziki in Klecksen darauf verteilen.

4. Frühlingszwiebeln putzen, abspülen, abtropfen lassen und in Scheiben schneiden. Frühlingszwiebelscheiben auf die Zaziki-Kleckse legen.

5. Kartoffel-Eier-Salat vor dem Servieren mit Parmesan bestreuen.

Rezeptvariante:
Kartoffelsalat mit Gurken und Radieschen
Für 4 Portionen 800 g Kartoffeln gründlich waschen, mit Salzwasser bedeckt zum Kochen bringen, zugedeckt in 20–25 Minuten gar kochen. Kartoffeln abgießen, mit kaltem Wasser abschrecken, abtropfen lassen, sofort pellen und lauwarm abkühlen lassen. Kartoffeln in Scheiben schneiden und in eine große Schüssel geben. Für die Marinade 1 Zwiebel abziehen und in kleine Würfel schneiden. 2 Esslöffel Speiseöl in einem Topf erhitzen. Zwiebelwürfel darin glasig dünsten. 125 ml Gemüsebrühe und 2 Esslöffel Weißweinessig hinzufügen, kurz aufkochen lassen. Mit gemahlenem Pfeffer würzen. Die Kartoffelscheiben mit der heißen Brühe übergießen und vorsichtig umrühren. Den Salat etwa 1 Stunde durchziehen lassen. 200 g Essiggurken abtropfen lassen und in Würfel schneiden. 1 Bund Radieschen putzen, waschen, trocken tupfen und in Scheiben schneiden. Vor dem Servieren Gurkenwürfel und Radieschenscheiben unter den Salat heben. 4 hart gekochte Eier pellen und in Scheiben schneiden. Den Salat mit 2 Esslöffeln frisch gehackten Kräuter, z. B. Kerbel, Petersilie, Schnittlauch, bestreuen und mit den Eierscheiben garniert servieren.

Lieblingsrezept Nr. **14**

RÖSTKARTOFFEL-PAPRIKA-SALAT

Zubereitungszeit: 20 Minuten
Garzeit: 20–25 Minuten

ZUTATEN FÜR 4 PORTIONEN

800 g mittelgroße, festkochende Kartoffeln
2 Zwiebeln
2–3 EL Speiseöl zum Braten
etwa 200 ml heiße Instant-Gemüsebrühe
4–6 EL Weißwein-Essig
1 Prise Cayennepfeffer
2 EL Olivenöl
2 Bund Schnittlauch

je 1 rote und gelbe Paprikaschote
200 g milder Feta
100 g Brunnenkresse (alternativ 1–2 Beete Gartenkresse oder Rauke)

Pro Portion:
E: 14 g, F: 25 g, Kh: 29 g, kcal: 410

1. Möglichst am Vortag Kartoffeln gründlich waschen und in einem Topf in kochendem Salzwasser, knapp mit Wasser bedeckt, 20–25 Minuten garen.

2. Kartoffeln abgießen, kurz mit kaltem Wasser abschrecken, heiß pellen und nach Möglichkeit über Nacht auskühlen lassen.

3. Zwiebeln abziehen und in feine Ringe schneiden. Kartoffeln in Scheiben oder Spalten schneiden. Öl in einer großen, beschichteten Pfanne erhitzen. Kartoffeln darin unter Wenden knusprig braten. Zwiebelringe zugeben und mitbraten.

4. Inzwischen Brühe, Essig, Salz, gemahlenen Pfeffer, Cayennepfeffer und Öl in einer Salatschüssel verquirlen. Kartoffeln und Zwiebeln mit einem Teigschaber untermischen.

5. Schnittlauch abspülen, trocken schütteln und in feine Röllchen schneiden. Schnittlauch unter die Kartoffeln mischen. Salat ziehen lassen und gelegentlich durchmischen.

6. Paprika halbieren, Stielansatz, weiße Scheidewände und Kerne entfernen. Paprika abspülen, abtropfen lassen und in Stücke schneiden. Feta grob zerbröckeln. Brunnenkresse verlesen, abspülen und trocken schleudern. Grobe Stiele von der Kresse abschneiden. Feta und Paprika unter den Kartoffelsalat mischen, nochmals abschmecken. Mit der Brunnenkresse anrichten.

TIPP:

Für alle, die auf rohe Paprika etwas magenempfindlich reagieren, empfiehlt es sich, die Schoten zu schälen. Entweder die rohen Schoten mit einem Sparschäler sorgfältig schälen. Oder die Schoten im Backofen rösten und dann abziehen. Dazu den Backofen auf Oberhitze oder mittlere Grillfunktion vorheizen. Paprika halbieren, Stielansatz, weiße Scheidewände und Kerne entfernen. Paprika abspülen und mit der Hautseite nach oben in eine Auflaufform oder auf das mit Backpapier belegte Backblech legen. Unter dem heißen Grill, bzw. bei Oberhitze rösten, bis die Schalen anfangen schwarz zu werden. Herausnehmen und mit feuchtem Küchenpapier belegt auskühlen lassen. Dann lassen sich die Schalen ganz einfach abziehen, das Paprikafleisch ist mild und leicht weich gegart.

Lieblingsrezept Nr.
15

KARTOFFEL-KÜRBIS-SALAT

Zubereitungszeit: 30 Minuten, ohne Abkühl- und Durchziehzeit
Garzeit: 10–15 Minuten

ZUTATEN FÜR 8 PORTIONEN

4 Zwiebeln
1 1/2 kg festkochende Kartoffeln
400 ml Gemüsebrühe
450 g TK-Erbsen
400 g eingelegter Kürbis (aus dem Glas)
1 Bund Dill
250 g Salatmayonnaise (50 % Fett)
80 g körniger Senf
3 EL Kürbisflüssigkeit (aus dem Glas)
3 EL Apfelessig

Pro Portion:
E: 12 g, F: 19 g, Kh: 35 g, kcal: 361

1. Zwiebeln abziehen, halbieren und in Streifen schneiden. Kartoffeln schälen, abspülen, abtropfen lassen und in Scheiben schneiden. Gemüsebrühe in einem Topf zum Kochen bringen. Kartoffelscheiben und Zwiebelstreifen darin zugedeckt bei schwacher Hitze 10–15 Minuten garen. Die Erbsen unaufgetaut hinzufügen. Den Topf von der Kochstelle nehmen. Die Zutaten in der Brühe etwas abkühlen lassen.

2. Kürbis in einem Sieb abtropfen lassen, die Flüssigkeit dabei auffangen und 3 Esslöffel davon abmessen. Dill abspülen, trocken tupfen und die Spitzen von den Stängeln zupfen (einige Spitzen zum Garnieren beiseitelegen). Spitzen klein schneiden.

3. Mayonnaise mit Senf, der abgemessenen Kürbisflüssigkeit und dem Essig verrühren, Dill unterrühren. Mit Salz und gemahlenem Pfeffer würzen.

4. Kartoffelscheiben mit Zwiebelstreifen und Erbsen in einem Sieb abtropfen lassen und in eine Schüssel geben. Kürbisstücke und die Dill-Mayonnaise untermengen. Den Salat etwa 30 Minuten durchziehen lassen.

5. Den Salat mit Salz, Pfeffer und evtl. Kürbisflüssigkeit oder Essig abschmecken, mit den beiseitegelegten Dillspitzen garniert servieren.

Rezeptvariante:
Kartoffel-Gurken-Salat
Für 10 Portionen 2 kg festkochende Kartoffeln gründlich waschen, knapp mit Salzwasser bedeckt zum Kochen bringen. Die Kartoffeln zugedeckt in 20–25 Minuten gar kochen. Die Kartoffeln abgießen, abschrecken, abtropfen lassen und heiß pellen. Kartoffeln abkühlen lassen, in Scheiben schneiden und in eine Schüssel geben. 2 Gläser Gewürzgurken (Abtropfgewicht je 360 g) abgießen und den Sud auffangen. Die Gurken in feine Scheiben schneiden und zu den Kartoffelscheiben geben. Für die Marinade 1 Knoblauchzehe abziehen und in kleine Würfel schneiden. 1 Bund Dill abspülen und trocken tupfen. Die Spitzen von den Stängeln zupfen. Spitzen grob zerkleinern. Für die Marinade 80 ml Weißweinessig mit 1 Esslöffel mittelscharfem Senf, 1 Esslöffel flüssigem Honig, 50 ml Zitronensaft und 200 ml Gurkenflüssigkeit (aus den Gläsern) verrühren. 50 ml Olivenöl unterschlagen. Mit Salz, gemahlenem Pfeffer und 1 Prise Zucker verrühren. Knoblauchwürfel und Dill unterrühren. Die Marinade zu den Kartoffel- und Gurkenscheiben geben, vorsichtig unterheben. Den Salat kräftig mit Salz abschmecken. Kurz vor dem Servieren 2 Salatgurken schälen, längs halbieren und entkernen. Gurkenhälften in Scheiben schneiden und unter den Salat mischen. Nochmals mit Salz und Pfeffer abschmecken.

Lieblingsrezept Nr.

16

KARTOFFELSALAT MIT OLIVEN UND DILL

Zubereitungszeit: 35 Minuten, ohne Abkühl- und Durchziehzeit
Garzeit: 20–25 Minuten
Vegan

ZUTATEN FÜR 4 PORTIONEN

750 g festkochende Kartoffeln
1 Salatgurke (etwa 400 g)
1 Zwiebel (etwa 100 g)
2–3 Knoblauchzehen
etwa 70 g abgetropfte, schwarze Oliven
300 g Sojaghurt (natur, aus dem Kühlregal)
2 EL Weißweinessig
2 EL Distelöl
2 Bund Dill

Pro Portion:
E: 8 g, F: 10 g, Kh: 32 g, kcal: 269

1. Kartoffeln gründlich waschen und in einem Topf in kochendem Salzwasser, knapp mit Wasser bedeckt, zum Kochen bringen. Kartoffeln in 20–25 Minuten gar kochen.

2. Die Kartoffeln abgießen, mit kaltem Wasser abschrecken, heiß pellen und erkalten lassen.

3. In der Zwischenzeit die Gurke heiß abwaschen, abtrocknen und die Enden abschneiden. Die Gurke der Länge nach halbieren, entkernen und in kleine Würfel schneiden. Gurkenwürfel mit 1 Teelöffel Salz mischen. Zwiebel und Knoblauch abziehen. Zwiebel halbieren und in sehr kleine Würfel schneiden. Knoblauch durch eine Knoblauchpresse drücken. Die Oliven zuerst vom Stein, dann in Streifen schneiden.

4. Sojaghurt mit Essig in einer Schüssel verrühren, Distelöl unterschlagen. Die Kartoffeln in dünne Scheiben schneiden und zur Marinade in die Schüssel geben. Gurken- und Zwiebelwürfel, Knoblauch und Olivenstreifen unter die Kartoffelscheiben heben. Den Kartoffelsalat etwa 15 Minuten durchziehen lassen.

5. Dill abspülen, trocken tupfen und die Spitzen von den Stängeln zupfen, Spitzen klein schneiden.

6. Dill unter den Kartoffelsalat heben. Den Salat mit Salz und gemahlenem Pfeffer abschmecken.

TIPP:

Anstelle der Oliven können Sie auch 30 g eingelegte Kapern verwenden.

Lieblingsrezept Nr. **17**

KARTOFFELSALAT MIT CHAMPIGNONS UND KRESSE

Zubereitungszeit: 20 Minuten, ohne Durchzieh- und Abkühlzeit
Garzeit: 20–25 Minuten
Vegan

ZUTATEN FÜR 2 PORTIONEN

600 g festkochende Kartoffeln
1 große Möhre (etwa 150 g)

Für die Sauce:
200 ml vegane Gemüsebrühe
1 1/2 EL weißer Balsamico-Essig
2 EL Olivenöl

250 g rosé Champignons
1 1/2 EL Olivenöl
1 Kästchen rote Daikonkresse

Pro Portion:
E: 11 g, F: 18 g, Kh: 49 g, kcal: 404

1. Kartoffeln gründlich waschen und in einem Topf in kochendem Salzwasser, knapp mit Wasser bedeckt, 20–25 Minuten garen. Kartoffeln abgießen, mit kaltem Wasser abschrecken und abtropfen lassen. Kartoffeln noch heiß pellen, in Scheiben schneiden und in eine Schüssel geben.

2. Möhre putzen, schälen, abspülen und abtropfen lassen. Anschließend die Möhre auf der Haushaltsreibe fein raspeln.

3. Für die Sauce Brühe mit Essig, Salz und gemahlenem Pfeffer verrühren. Das Olivenöl unterschlagen. Möhrenraspel und Sauce zu den Kartoffelscheiben geben, vorsichtig mit einem Teigschaber untermischen. Den Salat etwa 30 Minuten durchziehen lassen.

4. In der Zwischenzeit die Champignons putzen, evtl. kurz abspülen und trocken tupfen. Champignons in Scheiben schneiden. Olivenöl in einer Pfanne erhitzen. Die Champignonscheiben hinzufügen und unter gelegentlichem Rühren in 3–4 Minuten hellbraun braten, mit Pfeffer würzen. Champignons abkühlen lassen und unter den Kartoffelsalat heben.

5. Kresse abspülen, trocken tupfen und die Blättchen von den Stängeln schneiden. Den Salat mit Salz und Pfeffer würzen. Die Kresseblättchen unterheben.

TIPP:

Die rote Daikonkresse erinnert im Geschmack an Kreuzkümmel (Cumin). Sie kann durch einfache Kresse ersetzt werden. Der Kartoffelsalat ist zum Sattessen als Hauptgericht gedacht. Soll der Salat nur eine Beilage sein, reichen 400 g Kartoffeln und 1 kleine Möhre (etwa 100 g) aus. Die restlichen Zutatenmengen müssen jedoch nicht verändert werden und bleiben gleich.

Lieblingsrezept Nr.
18

ORIENTALISCHER KARTOFFELSALAT

Zubereitungszeit: 50 Minuten, ohne Durchziehzeit
Garzeit: etwa 35 Minuten

ZUTATEN FÜR 4–6 PORTIONEN

800 g festkochende Kartoffeln
etwa 400 g Aubergine
8 EL Olivenöl
1 EL heller Sesamsamen
1 EL dunkler Sesamsamen
1 EL Kreuzkümmel (Cumin)
2 rote Zwiebeln
3 Tomaten
1 Gurke
1 kleines Bund glatte Petersilie
2–3 Stängel frische Minze
Saft von einer Zitrone
2 gestr. EL flüssiger Honig

Für die Joghurtsauce:
150 g Joghurt (3,5 % Fett)
50 g Sauerrahm
2–3 EL Tahini (Sesampaste)
2–3 EL Zatar (arabisches Gewürz)

Pro Portion:
E: 10 g, F: 30 g, Kh: 43 g, kcal: 506

1. Kartoffeln schälen, abspülen, abtropfen lassen und in etwa 2½ cm große Würfel schneiden. Aubergine abspülen, trocken tupfen und die Stängelansätze entfernen. Aubergine ebenfalls in etwa 2½ cm große Würfel schneiden. Kartoffel- und Auberginenwürfel in einer Schüssel zusammen mit 5 Esslöffeln Olivenöl, Sesamsamen, Kreuzkümmel und Salz mischen.

2. Den Backofen vorheizen. Ober-/Unterhitze: etwa 220 °C Heißluft: etwa 200 °C

3. Kartoffel-Auberginen-Mischung auf einem Backblech (mit Backpapier belegt) verteilen. Das Backblech in den vorgeheizten Backofen schieben. Kartoffel-Auberginen-Mischung **etwa 35 Minuten garen.**

4. In der Zwischenzeit Zwiebeln abziehen und fein würfeln. Tomaten und Gurke abspülen und trocken tupfen. Tomaten vierteln und die Stängelansätze herausschneiden. Tomaten entkernen und in etwa ½ cm große Würfel schneiden. Von der Gurke die Enden abscheiden, halbieren, das Kerngehäuse entfernen und die Gurke in etwa ½ cm dicke Würfel schneiden.

5. Petersilie und Minze abspülen, trocken tupfen und die Blättchen von den Stängeln zupfen. Etwa die Hälfte der Blättchen grob zerschneiden, den Rest ganz lassen. Zwiebel-, Tomaten-, Gurkenwürfel und klein geschnittene Kräuter in einer Schüssel mischen. Mit Salz, gemahlenem Pfeffer, der Hälfte des Zitronensaftes, 1 Esslöffel von dem Honig und restlichem Olivenöl würzen, gut vermischen und durchziehen lassen.

6. Das Backblech aus dem Backofen nehmen. Kartoffel-Auberginen-Mischung auf Zimmertemperatur abkühlen lassen.

7. Für die Joghurtsauce Joghurt, Sauerrahm, restlichen Zitronensaft, restlichen Honig und Tahini verrühren. Mit gut einer Prise Salz und gemahlenem Pfeffer abschmecken. Kartoffel-Auberginen-Mischung mit der Joghurtsauce vermischen.

8. Zum Servieren Tomaten-Gurken-Mischung auf einer Platte oder Tellern dekorativ verteilen. Die Kartoffel-Auberginen-Mischung in Joghurtsauce daraufgeben. Den Kartoffelsalat mit den restlichen Kräuterblättchen und Zatar bestreuen und servieren.

Lieblingsrezept Nr.
19

41

KARTOFFEL-KÄSE-SALAT

Zubereitungszeit: 35 Minuten, ohne Durchziehzeit
Garzeit: 20–25 Minuten

ZUTATEN FÜR 6 PORTIONEN

750 g festkochende Kartoffeln
2 Zwiebeln
3–4 EL Weißweinessig
250 ml Gemüsebrühe
150 g TK-Erbsen
1 Bund Radieschen
1 Kopfsalat, z. B. Eisberg- oder Römersalat
200 g gestiftelter Käse, z. B. Allgäuer Emmentaler

Für die Salatsauce:

75 g Joghurt-Salatcreme
150 g Joghurt (1,5 % Fett)
1 TL scharfer Senf
½ TL Currypulver

Pro Portion:
E: 13 g, F: 19 g, Kh: 31 g, kcal: 356

1. Kartoffeln gründlich waschen, und in einem Topf in kochendem Salzwasser, knapp mit Wasser bedeckt, in 20–25 Minuten gar kochen. Kartoffeln abgießen, mit kaltem Wasser abschrecken, abtropfen lassen und sofort pellen. Kartoffeln in Scheiben schneiden und in eine Schüssel geben.

2. Zwiebeln abziehen, in kleine Würfel schneiden. Essig mit Gemüsebrühe in einem Topf zum Kochen bringen. Zwiebelwürfel hinzufügen und etwa 1 Minute kochen lassen. Kartoffelscheiben damit übergießen und etwa 30 Minuten durchziehen lassen, zwischendurch mit einem Teigschaber vorsichtig durchheben.

3. Erbsen in etwas kochendem Salzwasser etwa 2 Minuten blanchieren. Erbsen in ein Sieb geben, mit eiskaltem Wasser übergießen und abtropfen lassen.

4. Radieschen putzen, abspülen, trocken tupfen und in feine Scheiben hobeln. Kopfsalat putzen, Blätter waschen und gut trocken schleudern.

5. Für die Sauce Salatcreme mit Joghurt, Senf und Curry verrühren, mit Salz, gemahlenem Pfeffer und 1 Prise Zucker würzen.

6. Einen großen Teller oder eine flache Schale mit Salatblättern auslegen.

7. Marinierte Kartoffelscheiben und Erbsen mischen, mit Salz, Pfeffer und Zucker und evtl. noch etwas Essig abschmecken. Mit Käsestiften und Radieschen auf dem Salat anrichten.

8. Sauce durchrühren, nach Belieben mit etwas Pfeffer abschmecken und über den Salat geben

Rezeptvariante:
Sie können den Kartoffel-Käse-Salat auch mit einer Vinaigrette zubereiten. Dafür 4 Teelöffel Weißweinessig mit 1 Teelöffel mittelscharfem Senf verrühren. 6 Esslöffel Olivenöl unterschlagen, 2 Esslöffel Wasser hinzufügen. Mit Salz, Pfeffer und etwas Zucker pikant abschmecken. Die Vinaigrette mit den vorbereiteten Salatzutaten vermengen. Den Salat gut durchziehen lassen. Mit Sonnenblumenkernen bestreuen.

Lieblingsrezept Nr.
20

KARTOFFELSALAT MIT MAIS

Zubereitungszeit: 40 Minuten, ohne Abkühl- und Marinierzeit
Garzeit: 15–20 Minuten

ZUTATEN FÜR 6 PORTIONEN

1 kg kleine festkochende Kartoffeln

Für die Marinade:
2 Zwiebeln
200 ml Gemüsebrühe
50 ml Weißweinessig

1 kleines Bund Radieschen
140 g abgetropfter Gemüsemais (aus der Dose)
3 EL Salatmayonnaise
150 g saure Sahne
1–2 EL Zitronensaft
1 kleines Bund Dill
evtl. einige Zitronenmelisse- oder Basilikumblättchen

Pro Portion:
E: 5 g, F: 14 g, Kh: 27 g, kcal: 260

1. Kartoffeln gründlich waschen und in kochendem Salzwasser, knapp mit Wasser bedeckt, zugedeckt in 15–20 Minuten gar kochen. Kartoffeln abgießen, mit kaltem Wasser abschrecken, abtropfen und etwas abkühlen lassen, dann pellen und lauwarm abkühlen lassen. Kartoffeln in Scheiben schneiden und in eine Schüssel geben.

2. Für die Marinade Zwiebeln abziehen und in kleine Würfel schneiden. Brühe mit Essig, Zwiebelwürfeln, ½ Teelöffel Zucker und gemahlenem Pfeffer kurz aufkochen lassen, mit Salz abschmecken. Die Kartoffelscheiben mit der Marinade übergießen und vorsichtig mit einem Teigschaber vermengen.

3. Den Salat so lange durchziehen lassen, bis die Marinade von den Kartoffelscheiben vollkommen aufgenommen wurde, ab und zu mit einem Teigschaber vorsichtig umrühren.

4. Radieschen putzen, abspülen, trocken tupfen und in feine Scheiben schneiden. Mais mit den Radieschenscheiben zu den Kartoffeln geben.

5. Mayonnaise mit saurer Sahne, Zitronensaft und ½ Teelöffel Zucker verrühren, vorsichtig unter den Salat rühren.

6. Dill und Zitronenmelisse oder Basilikum abspülen und trocken tupfen. Die Dillspitzen von den Stängeln zupfen. Spitzen fein schneiden und vor dem Servieren unter den Salat heben. Salat mit den Zitronenmelisse- oder Basilikumblättchen garnieren.

TIPPS:

Wer das Dressing etwas pikanter mag, rührt zusätzlich etwas geriebenen Meerrettich (aus dem Glas) mit unter.

Zum Vorbereiten: Problemlos lassen sich die Kartoffeln bereits 1–2 Tage vorab garen und mit der Marinade mischen. Am Tag des Servierens dann nur noch Radieschen und Mais untermischen und den Mayonnaisen-Mix zusätzlich unterrühren.

Lieblingsrezept Nr.

21

KARTOFFELSALAT MIT LINSEN

Zubereitungszeit: 50 Minuten, ohne Durchziehzeit
Garzeit: 20–30 Minuten

ZUTATEN FÜR 6 PORTIONEN

etwa 1 kg kleine Kartoffeln, z. B. Drillinge
1 gestr. EL Ras el Hanout
7 EL Erdnussöl

250 g Beluga Linsen

2 Knoblauchzehen
1 kleines Bund Frühlingszwiebeln
2 EL Sojasauce
6 EL Balsamicoessig
2 gestr. EL flüssiger Honig
200 g grüne Bohnen
200 g Tomaten
etwa 65 g Rucola (Rauke)

100 g Schafskäse
60 g Erdnusskerne, geröstet und gesalzen

Pro Portion:
E: 21 g, F: 22 g, Kh: 52 g, kcal: 519

1. Den Backofen vorheizen. Ober-/Unterhitze: 220 °C Heißluft: etwa 200 °C

2. Kartoffeln unter fließendem kalten Wasser abbürsten und gut abtropfen lassen. Kartoffeln längs vierteln und in einer Schüssel mit Ras el Hanout, Salz und gemahlenem Pfeffer würzen und mit 3 Esslöffeln von dem Erdnussöl vermischen. Kartoffelspalten auf einem Backblech (mit Backpapier belegt) verteilen und im vorgeheizten Backofen etwa 20 Minuten garen. Kartoffelspalten sollten dabei nicht zu weich werden.

3. Linsen in einem Sieb unter fließendem kalten Wasser abspülen, abtropfen lassen und in kochendem Wasser 20–30 Minuten bissfest garen.

4. In der Zwischenzeit Knoblauch abziehen und durch eine Knoblauchpresse drücken. Frühlingszwiebeln putzen, abspülen, gut abtropfen lassen und in feine Scheiben schneiden. Restliches Erdnussöl in einem Topf erhitzen. Die Frühlingszwiebelscheiben und den Knoblauch darin etwa 2 Minuten glasig dünsten. Mit Sojasauce und Balsamicoessig ablöschen. Honig unterrühren, zum Kochen bringen und 3–4 Minuten kochen lassen. Mit Salz und Pfeffer würzen.

5. Die gegarten Linsen in einem Sieb abtropfen lassen und zu den Frühlingszwiebelscheiben in den Topf geben.

6. Die Kartoffeln vom Backblech nehmen und in eine Schüssel geben. Zwiebel-Linsen-Sud daraufgeben und vorsichtig mit einem Teigschaber vermischen.

7. Von den Bohnen die Enden abschneiden, evtl. abfädeln. Bohnen abspülen, abtropfen lassen und schräg in Stücke schneiden. Bohnenstücke in kochendem Salzwasser 5–6 Minuten garen, in ein Sieb geben, mit kaltem Wasser abschrecken und abtropfen lassen.

8. Tomaten abspülen, abtropfen lassen, vierteln und die Stängelansätze herausschneiden. Tomatenviertel mit den Bohnenstücken zu den Kartoffeln geben und vorsichtig mit dem Teigschaber untermischen. Den Kartoffel-Linsen-Salat etwa 1 Stunde durchziehen lassen. Evtl. nochmals mit Salz und Pfeffer abschmecken.

9. Rucola verlesen, evtl. dicke Stiele abschneiden. Rucola abspülen, trocken tupfen oder trocken schleudern und in mundgerechte Stücke zupfen.

10. Zum Servieren Kartoffel-Linsen-Salat auf Tellern anrichten. Schafskäse zerbröseln und mit Rucola und Erdnüssen auf dem Salat verteilen.

Lieblingsrezept Nr.
22

KARTOFFEL-BASILIKUM-SALAT

Zubereitungszeit: 30 Minuten, ohne Durchziehzeit
Garzeit: etwa 25 Minuten

ZUTATEN FÜR 4 PORTIONEN

1,2 kg festkochende Kartoffeln
200 g Zuckerschoten
Saft von 1/2 Zitrone
1 Bund Frühlingszwiebeln
125 ml Gemüsebrühe
1 Töpfchen oder ein Bund Basilikum
4 EL Weißweinessig
2 EL flüssiger Honig
6 EL Olivenöl
6 Eier (Größe M)
100 g Cocktailtomaten

Pro Portion:
E: 18 g, F: 23 g, Kh 61 g, kcal: 533

1. Kartoffeln gründlich waschen, in einem Topf in kochendem Salzwasser, knapp mit Wasser bedeckt, 20–25 Minuten garen. Kartoffeln mit kaltem Wasser abspülen, abtropfen lassen und heiß pellen. Kartoffeln etwas abkühlen lassen, dann in Scheiben schneiden.

2. Zuckerschoten abspülen, abtropfen lassen und die Enden abschneiden, evtl. abfädeln. Schoten mit Zitronensaft, 150 ml Wasser und etwas Salz etwa 1 Minute kochen. Dann abgießen, abtropfen lassen und zu den Kartoffelscheiben in eine Schüssel geben. Kartoffelscheiben und Zuckerschoten mischen.

3. Frühlingszwiebeln putzen, abspülen, abtropfen lassen und in Röllchen schneiden, ebenfalls untermischen. Gemüsebrühe erhitzen und den Kartoffel-Gemüse-Mix damit übergießen.

4. Basilikum abspülen, trocken tupfen und die Blättchen von den Stängeln zupfen. Etwa 10 Blättchen zum Garnieren beiseitelegen, Restliche Blättchen in einen Mixbecher geben.

5. Essig, Honig, Olivenöl, Salz und gemahlenen Pfeffer ebenfalls in den Mixbecher geben. Die Zutaten pürieren. Basilikumdressing zum Salat geben, vorsichtig untermischen und mindestens 30 Minuten durchziehen lassen. Dann nochmals mit Salz, Pfeffer, evtl. Essig abschmecken.

6. In der Zwischenzeit die Eier wachsweich kochen (etwa 6 Minuten), abschrecken, pellen und halbieren. Tomaten abspülen, abtrocknen, halbieren und die Stängelansätze herausschneiden.

7. Den Kartoffelsalat mit den Eier- und Tomatenhälften auf einer Platte anrichten. Mit den beiseitegelegten Basilikumblättchen garnieren.

Lieblingsrezept Nr.

23

ASIATISCHER KARTOFFELSALAT

Zubereitungszeit: 40 Minuten, ohne Durchziehzeit
Garzeit: 20–25 Minuten

ZUTATEN FÜR 4–6 PORTIONEN

1 kg festkochende, mittelgroße Kartoffeln
1 Zwiebel
6 EL Erdnussöl
2 TL Currypaste
250 ml Gemüsebrühe
5 EL Reisessig oder milden Weißweinessig
1 gestr. EL flüssiger Honig
4 EL Sojasauce
1 kleines Bund Frühlingszwiebeln
1/2 Salatgurke
125 g Zuckerschoten
125 g TK-Erbsen

Pro Portion:
E: 10 g, F: 17 g, Kh: 46 g, kcal: 405

1. Kartoffeln gründlich waschen und in einem Topf in kochendem Salzwasser, knapp mit Wasser bedeckt, 20–25 Minuten garen.

2. Zwiebel abziehen und fein würfeln. Die Hälfte von dem Erdnussöl in einem Wok oder in einer mittelgroßen Pfanne erhitzen. Die Zwiebelwürfel darin glasig dünsten. Currypaste hinzugeben und etwa 1 Minute mit anrösten. Brühe, Essig, Honig und Sojasauce unterrühren, mit Salz und gemahlenem Pfeffer würzen und aufkochen.

3. Den Wok oder die Pfanne von der Kochstelle nehmen. Restliches Erdnussöl unter die Marinade rühren.

4. Gegarte Kartoffeln abgießen, mit kaltem Wasser abschrecken, abtropfen lassen und heiß pellen. Kartoffeln in Scheiben schneiden und sofort in die Marinade geben. Kartoffelscheiben vorsichtig mit einem Teigschaber unter die Marinade mischen und etwa 30 Minuten durchziehen lassen.

5. Frühlingszwiebeln putzen, abspülen, abtropfen lassen. Die Stangen schräg in dünne Scheiben schneiden. Gurke abspülen, abtrocknen und längs halbieren. Das Kerngehäuse mit einem Teelöffel herausschaben. Die Gurkenhälften ebenfalls schräg in dünne Scheiben schneiden.

6. Zuckerschoten putzen, abspülen, abtropfen lassen und die Enden abschneiden, evtl. abfädeln. Zuckerschoten je nach Größe schräg halbieren oder dritteln und in kochendem Salzwasser etwa 1 1/2 Minuten blanchieren. Gefrorene Erbsen nach etwa der Hälfte der Garzeit mit in das kochende Salzwasser geben und mit blanchieren.

7. Zuckerschoten und Erbsen in eiskaltem Wasser abschrecken und gut abtropfen lassen.

8. Vorbereitetes Gemüse zu den marinierten Kartoffelscheiben geben und mit dem Teigschaber unterheben. Den Salat nochmals mindestens 1 Stunde bei Raumtemperatur durchziehen lassen.

9. Den Salat anrichten und servieren.

TIPPS:

Zum Servieren den Salat mit einigen abgespülten und trocken getupften Korianderblättchen, sowie gerösteten und gesalzenen Cashewkernen (etwa 100 g) garnieren.

Kleine Fleischbällchen (z. B. TK) in der Pfanne anbraten, mit etwas Sweet-Chilisauce glasieren und zum Salat reichen.

Lieblingsrezept Nr.
25

KARTOFFELSALAT NACH GRIECHISCHER ART

Zubereitungszeit: 20 Minuten
Garzeit: etwa 8 Minuten

ZUTATEN FÜR 4 PORTIONEN

2 EL Olivenöl
2 Pck. (800 g) Bratkartoffeln aus dem Beutel
150 g TK-Erbsen
3 EL Zitronensaft
3 abgetropfte, milde, eingelegte, grüne Pfefferschoten (aus dem Glas)
2 abgetropfte eingelegte, abgezogene Paprikahälften (aus dem Glas)
75 g Kalamata-Oliven
1 Bund Dill
200 g Zaziki (aus dem Kühlregal)
100 g Joghurt (3,5 % Fett)

Pro Portion:
E: 13 g, F: 13 g, Kh: 37 g, kcal: 339

1. Olivenöl in einer großen Pfanne erhitzen. Bratkartoffeln darin verteilen und etwa 4 Minuten bei mittlerer Hitze ohne Wenden braten. Dann die Bratkartoffeln umdrehen und weitere etwa 4 Minuten knusprig braun braten.

2. Bratkartoffeln herausnehmen und in eine Salatschüssel geben. Die gefrorenen Erbsen hinzugeben und untermischen. Bratkartoffel-Erbsen-Mischung mit Zitronensaft beträufeln und etwa 5 Minuten abkühlen lassen.

3. In der Zwischenzeit Pfefferschoten und Paprikahälften in kleine Stücke schneiden. Oliven abtropfen lassen.

4. Dill abspülen, trocken tupfen und die Spitzen von den Stängeln zupfen. Spitzen grob zerschneiden.

5. Zaziki mit Joghurt verrühren und unter die Kartoffel-Erbsen-Mischung geben. Pfefferschoten-, Paprikastücke, Oliven und Dill vorsichtig unterheben. Den Salat mit Salz und gemahlenem Pfeffer abschmecken und sofort servieren.

TIPPS:

Wer es noch etwas deftiger liebt und auf Fleisch nicht verzichten möchte, hebt vor dem Servieren noch etwa 200 g fertig gekauftes, gebratenes Gyros-Fleisch unter den Salat.

Den Salat können Sie natürlich auch mit klassischen Pellkartoffeln (etwa 750 g) zubereiten. Die gegarten Kartoffeln pellen, in Scheiben schneiden, mit den angegebenen Salatzutaten und dem Zaziki-Dressing mischen.

Auch köstlich: Den Salat mit Country-Kartoffelspalten (ebenfalls aus der Packung mit Spezial-Würzmischung) zubereiten.

Lieblingsrezept Nr.

26

KARTOFFEL-SCHINKEN-SALAT

Zubereitungszeit: 35 Minuten, ohne Durchziehzeit

ZUTATEN FÜR 12 PORTIONEN

Für die Sauce:

400 ml heiße Brühe (z. B. Instant)

75 ml Kräuteressig

100 ml Speiseöl

2 kg gegarte, mittelgroße Pellkartoffeln

3 Pck. (75 g) TK-Schnittlauchröllchen

5–6 gelbe Paprikaschoten

500 g gekochter Schinken oder Kasselerbratenaufschnitt

110 g schwarze Oliven, ohne Stein (aus dem Glas)

Pro Portion:

E: 13 g, F: 12 g, Kh: 22 g, kcal: 256

1. Für die Sauce Brühe mit Essig in einer großen Salatschüssel verrühren. Speiseöl unterschlagen. Mit Salz, gemahlenem Pfeffer und 1 Prise Zucker würzen.

2. Pellkartoffeln pellen, in Würfel schneiden und mit den Schnittlauchröllchen unter die Sauce mischen. Den Salat mindestens 10 Minuten durchziehen lassen, dabei gelegentlich umrühren.

3. Paprikaschoten halbieren, entstielen, entkernen und die weißen Scheidewände entfernen. Schotenhälften abspülen, abtropfen lassen und in Würfel schneiden. Schinken ebenfalls würfeln. Oliven abtropfen lassen und in Ringe schneiden.

4. Paprika-, Schinkenwürfel und Olivenringe unter den Kartoffelsalat heben. Nochmals mit Salz, Pfeffer und Essig abschmecken.

TIPPS:

Noch rascher steht solch ein Salat auf dem Tisch, wenn Sie etwa 2 kg fertigen Pellkartoffelsalat mit Essig-Öl-Dressing (aus dem Kühlregal) auf die gleiche Weise mit Schnittlauchröllchen, Paprika-, Schinkenwürfeln und Olivenringen verfeinern.

Statt Schinkenwürfel 3 Dosen Thunfisch in Öl (Abtropfgewicht 185 g) abtropfen lassen, auseinanderzupfen und mit je 1 Dose abgetropftem Gemüsemais (Abtropfgewicht 285 g) und Prinzess-Böhnchen (Abtropfgewicht 440 g) unter den Salat heben.

Macht Kindern besonderen Spaß: Statt des gekochten Schinkens Mini-Würstchen unter den Salat heben.

Lieblingsrezept Nr.

27

55

KARTOFFELSALAT MIT KALBSBRATEN

🕒 Zubereitungszeit: 30 Minuten, ohne Marinierzeit
Garzeit: 20–25 Minuten

ZUTATEN FÜR 4 PORTIONEN

600 g festkochende Kartoffeln

Für das Dressing:
250 ml kräftige Fleisch- oder Gemüsebrühe
1 Zwiebel
1 TL milder Senf
3–4 EL milder Weißweinessig
3 EL Wild-Preiselbeeren (aus dem Glas)

75 g Walnusskernhälften
200 g Champignons
4 EL mildes Olivenöl
2–3 Frühlingszwiebeln
200 g grüne kernlose Weintrauben
1 Kopf Radicchio (etwa 200 g)
200 g Kalbsbraten-Aufschnitt (vom Metzger)

Pro Portion:
E: 20 g, F: 25 g, Kh: 37 g, kcal: 467

1. Kartoffeln gründlich waschen und in einem Topf in kochendem Salzwasser, knapp mit Wasser bedeckt, 20–25 Minuten garen.

2. In der Zwischenzeit für das Dressing Brühe in einem Topf erhitzen. Zwiebel abziehen, in kleine Würfel schneiden und hinzugeben. Mit Salz, gemahlenem Pfeffer, Senf, Essig und Preiselbeeren verrühren.

3. Gegarte Kartoffeln abgießen, kurz ausdampfen lassen, pellen, in Scheiben schneiden und in eine Salatschüssel geben.

4. Dressing hinzugeben und gut untermischen. Die Kartoffelscheiben zugedeckt etwa 1 Stunde marinieren. Dabei zwischendurch öfter mit einem Teigschaber vorsichtig durchmischen.

5. In der Zwischenzeit Walnusskernhälften grob hacken, in einer Pfanne ohne Fett unter Wenden anrösten. Auf einen Teller geben und erkalten lassen.

6. Champignons putzen, evtl. kurz abspülen, trocken tupfen. Champignons je nach Größe halbieren oder in Scheiben schneiden. 2 Esslöffel Olivenöl in einer Pfanne erhitzen, die Champignons darin unter Wenden goldbraun braten. Mit Salz und Pfeffer würzen.

7. Frühlingszwiebeln putzen, abspülen, abtropfen lassen und in feine Scheiben schneiden. Weintrauben abspülen, trocken tupfen, entstielen, halbieren oder vierteln.

8. Radicchio putzen, abspülen und trocken schleudern. Radicchio in mundgerechte Streifen schneiden. Aufschnitt nach Belieben würfeln oder in Streifen schneiden.

9. Restliches Olivenöl mit den Frühlingszwiebeln unter die Kartoffelscheiben heben. Nochmals mit Salz, Pfeffer, evtl. etwas Senf und Essig würzig abschmecken. Mit Champignons, Braten-Aufschnitt, Radicchio, Walnusskernen und Weintrauben in einer Schüssel anrichten.

Lieblingsrezept Nr.

28

KARTOFFEL-HÄHNCHEN-SALAT

Zubereitungszeit: 20 Minuten

ZUTATEN FÜR 2–3 PORTIONEN

500–600 g gegarte Pellkartoffeln
etwa 200 g gegrilltes Hähnchenfleisch (ohne Haut, von Brathähnchen oder Hähnchensteaks vom Vortag)
3 Stangen Staudensellerie
1 kleiner Apfel
1 kleines Bund Schnittlauch

Für die Salatsauce:
4 EL Salatmayonnaise (50 % Fett)
150 g Joghurt (3,5 % Fett)
2 EL mittelscharfer Senf
1/2–1 EL flüssiger Honig oder Zucker

Pro Portion:
E: 26 g, F: 28 g, Kh: 58 g, kcal: 596

1. Die Pellkartoffeln pellen oder mit der Schale in grobe Würfel schneiden. Das Hähnchenfleisch in Stücke schneiden.

2. Staudensellerie putzen, abspülen und abtropfen lassen. Selleriestangen in dünne Scheiben schneiden. Den Apfel abspülen, abtrocknen, vierteln und entkernen. Apfelviertel in Scheiben schneiden.

3. Schnittlauch unter fließend kaltem Wasser abspülen und mit Küchenpapier trocken tupfen. Schnittlauch in Röllchen schneiden.

4. Für die Salatsauce die Salatmayonnaise mit Joghurt, Senf und Honig oder Zucker verrühren, mit Salz und gemahlenem Pfeffer würzen.

5. Die vorbereiteten Salatzutaten mit der Salatsauce vermischen. Den Salat nochmals mit Salz und Pfeffer abschmecken.

Rezeptvariante: Kartoffelsalat mit Hähnchen und Bärlauch
Für 4 Portionen 700 g kleine festkochende Kartoffeln gründlich waschen, mit Salzwasser bedeckt zum Kochen bringen, zugedeckt in 20–25 Minuten gar kochen. Kartoffeln abgießen, mit kaltem Wasser abschrecken, abtropfen lassen, sofort pellen und lauwarm abkühlen lassen. Kartoffeln in Scheiben schneiden und in eine große Schüssel geben. 1 Bund Bärlauch abspülen und trocken tupfen. Die Blättchen von den Stängeln zupfen. Blättchen klein schneiden. 2 Schalotten abziehen und in kleine Würfel schneiden. Bärlauch und Schalottenwürfel zu den Kartoffelscheiben geben. 200 ml Gemüsebrühe mit 2 Esslöffeln Weißweinessig und 4 Esslöffeln Olivenöl in einem Topf erhitzen. Mit Salz und gemahlenem Pfeffer würzen. Die Brühe über die Salatzutaten gießen und vorsichtig mischen. Den Salat 1–2 Stunden durchziehen lassen. 400 g Hähnchenbrustfilets mit Küchenpapier trocken tupfen und in Würfel schneiden. 2 Esslöffel Olivenöl in einer Pfanne erhitzen. Hähnchenbrustwürfel von allen Seiten darin anbraten. Mit Salz und Pfeffer bestreuen. Den Kartoffelsalat evtl. nochmals kurz erwärmen und vorsichtig verrühren. Hähnchenbrustwürfel auf dem Salat verteilen. 2 Esslöffel Schmand verrühren und dazu reichen oder in Klecksen auf den Kartoffelsalat geben.

TIPPS:

Verwenden Sie für den Salat die Senfsorte, die Sie bevorzugen. Körniger Senf macht immer auch optisch etwas her. Süßer Senf ist ebenfalls okay, dann lassen Sie einfach den Honig oder Zucker weg.

Andere gegrillte „Fleischreste" oder „Würstchenreste" vom Vortag schmecken in diesem Salat ebenso gut.

Lieblingsrezept Nr.

29

WARMER KARTOFFELSALAT MIT SCHWEINERÜCKENSTEAKS

Zubereitungszeit: 45 Minuten
Backzeit: etwa 25 Minuten

ZUTATEN FÜR 2 PORTIONEN

300 g kleine festkochende Kartoffeln
2 TL Paprikapulver edelsüß

Für die Salatsauce:

75 g Frühlingszwiebeln
1/2–1 EL Sambal Oelek
1 EL flüssiger Honig
2 EL Zitronensaft
2 EL Sojasauce
1 kleine Knoblauchzehe
8 Minzeblättchen

Für die Steaks:

1/2 TL Currypulver scharf
1/2 TL gem. Ingwer
2 Schweinerückensteaks (je etwa 125 g)
2 EL Speiseöl zum Braten

Zum Bestreuen:

1/2 Beet Gartenkresse
20 g Röstzwiebeln

Pro Portion:
E: 33 g, F: 15 g, Kh: 42 g, kcal: 443

1. Den Backofen vorheizen. Ober-/Unterhitze: etwa 200 °C Heißluft: etwa 180 °C

2. Die Kartoffeln unter fließendem Wasser sehr gut abbürsten, dann abtropfen lassen. Die Kartoffeln längs vierteln und auf ein Backblech geben. Kartoffelspalten mit Salz und 1 Teelöffel Paprika gut vermischen. Das Backblech in den vorgeheizten Backofen schieben. Die Kartoffelspalten in etwa 25 Minuten goldbraun backen.

3. In der Zwischenzeit für die Sauce Frühlingszwiebeln putzen, abspülen, trocken tupfen und in dünne Scheiben schneiden. Frühlingszwiebelscheiben mit Sambal Oelek, Honig, Zitronensaft und Sojasauce verrühren. Die halbe Knoblauchzehe abziehen, durch eine Knoblauchpresse dazudrücken und untermischen.

4. Minzeblättchen abspülen, trocken tupfen und klein schneiden. Minzeblättchen unter die Salatsauce mischen.

5. Für die Steaks restliches Paprikapulver mit Curry und Ingwer mischen. Die Steaks mit Küchenpapier abtupfen, dann mit der Gewürzmischung einreiben. Das Speiseöl in einer Pfanne erhitzen. Die Steaks darin bei starker Hitze von jeder Seite in etwa 3 Minuten goldbraun braten. Anschließend die Steaks aus der Pfanne nehmen und zugedeckt etwa eine halbe Minute ruhen lassen.

6. Das Backblech aus dem Backofen nehmen. Die Kartoffelspalten mit der Frühlingszwiebel-Sauce vermengen. Die Steaks in dünne Scheiben schneiden und auf dem Salat anrichten. Kresse abspülen, trocken tupfen und vom Beet schneiden. Den Kartoffelsalat mit Kresse und Röstzwiebeln bestreut servieren.

Lieblingsrezept Nr.

30

KARTOFFEL-PASTRAMI-SALAT

Zubereitungszeit: 50 Minuten, ohne Abkühl- und Durchziehzeit
Garzeit: 10–15 Minuten
Mit Alkohol

ZUTATEN FÜR 4 PORTIONEN

500 g festkochende Kartoffeln
1 Bio-Salatgurke (etwa 500 g)
250 g Radieschen
1 kleine rote Zwiebel
2 Kästchen Kresse

Für die Salatsauce:

2 Knoblauchzehen
1 EL Estragonsenf
40 ml Sherry
40 ml Weißweinessig
75 ml Rapsöl

200 g Pastrami-Scheiben (nicht zu dünn)

Pro Portion:
E: 16 g, F: 21 g, Kh: 22 g, kcal: 362

1. Die Kartoffeln schälen, abspülen, abtropfen lassen und in Scheiben schneiden. Die Kartoffelscheiben knapp mit Wasser bedeckt zugedeckt zum Kochen bringen, dann 1 gestrichenen Teelöffel Salz hinzugeben. Die Kartoffelscheiben in 10–15 Minuten gar kochen. Die Kartoffelscheiben abgießen und in einem Sieb abtropfen lassen.

2. In der Zwischenzeit die Gurke abspülen, abtrocknen und die Enden abschneiden. Die Gurke längs halbieren und in dünne Scheiben schneiden oder hobeln. Die Radieschen putzen, abspülen, abtropfen lassen und ebenfalls in dünne Scheiben schneiden. Zwiebel abziehen und in feine Würfelchen schneiden. Kresse abspülen, trocken tupfen und vom Beet schneiden. Etwas Kresse zum Garnieren beiseitelegen.

3. Für die Salatsauce Knoblauch abziehen, klein würfeln oder durch eine Knoblauchpresse drücken. Estragonsenf mit Sherry und Essig verrühren. Knoblauch unterrühren. Mit Salz und gemahlenem Pfeffer würzen, das Rapsöl unterschlagen.

4. Das Fleisch in dünne Streifen schneiden, mit den Kartoffel-, Gurken- und Radieschenscheiben, Zwiebelwürfelchen und der Kresse in einer großen Schüssel vermengen. Die Salatsauce hinzugeben und gut untermischen.

5. Den Salat zugedeckt im Kühlschrank etwa 1 Stunde durchziehen lassen.

6. Den Salat vor dem Servieren nochmals durchmischen, abschmecken und mit der beiseitegelegten Kresse garnieren.

TIPP:

Pastrami ist ein gewürztes, gepökeltes und gegartes Stück Rindfleisch, das in dünnen Scheiben meist als Brot- oder Sandwichbelag verwendet wird.

Lieblingsrezept Nr.

31

WASABI-KARTOFFEL-SALAT ZU SESAM-METTBÄLLCHEN

Zubereitungszeit: 15 Minuten, ohne Abkühl- und Marinierzeit
Garzeit: 12–15 Minuten

ZUTATEN FÜR 2 PORTIONEN

400 g möglichst kleine, neue Kartoffeln (Drillinge)
2–3 EL Sesamsamen
150 g gewürztes Schweinemett
1 1/2 EL Soja- oder Sonnenblumenöl
1/2 rote Paprikaschote
2 Frühlingszwiebeln
2 EL frische Sprossen oder Keime (z. B. Kresse)
75 ml Instant-Gemüsebrühe
1–2 TL Wasabipaste (japanischer Meerrettich)
2 EL Joghurt (10 % Fett)

Pro Portion:
E: 21 g, F: 33 g, Kh: 28 g, kcal: 510

1. Kartoffeln gründlich waschen und abbürsten und in einem Topf in kochendem Salzwasser, knapp mit Wasser bedeckt, 12–15 Minuten garen.

2. In der Zwischenzeit Sesam auf einem Teller verteilen. Aus dem Mett mit leicht angefeuchteten Händen kleine Bällchen formen. Fleischbällchen im Sesam wenden.

3. Einen Teelöffel Öl in einer beschichteten Pfanne erhitzen. Die Fleischbällchen darin bei mittlerer Hitze 3–4 Minuten rundherum goldbraun und gar braten. Auf Küchenpapier abtropfen lassen.

4. Paprikaschote entstielen, entkernen und die weißen Scheidewände entfernen. Schotenhälfte abspülen, abtropfen lassen und in feine Würfel schneiden. Frühlingszwiebeln putzen, abspülen, abtropfen lassen und fein schneiden. Sprossen abspülen, abtropfen lassen.

5. Gegarte Kartoffeln abgießen, kurz abdämpfen, halbieren oder vierteln und in eine Salatschüssel geben.

6. Brühe, Wasabi, restliches Öl, je 1/2 Teelöffel Salz und gemahlenen Pfeffer verquirlen. Über die Kartoffeln gießen und gründlich untermischen. Etwa 10 Minuten ziehen lassen, dabei öfter vorsichtig mit einem Teigschaber durchrühren.

7. Paprika, Frühlingszwiebeln und Jogurt unter die Kartoffeln mischen, nochmals abschmecken. Wasabi-Kartoffel-Salat mit Kresse und Mettbällchen anrichten.

TIPP:

Der Kartoffelsalat lässt sich gut bereits 1–2 Tag vor dem Servieren fix und fertig zubereiten. Nur die Sprossen/Keime sollten erst kurz vor dem Servieren, knackfrisch, dazugegeben werden.

Lieblingsrezept Nr.
32

GESCHICHTETER KARTOFFEL-PESTO-SALAT

🕐 Zubereitungszeit: 55 Minuten, ohne Durchziehzeit

ZUTAREN FÜR 6 PORTIONEN

Für das Pesto:

60 g Pinienkerne
4 Knoblauchzehen
50 g Rucola (Rauke)
200 ml Olivenöl
100 g frisch ger. Parmesan

1 Zucchini (etwa 350 g)
300 g Champignons
125 ml Gemüsebrühe
2 EL Weißweinessig
2 TL Zucker
3 EL Olivenöl

500 g gekochte kleine Pellkartoffeln
3 mittelgroße Tomaten

200 g Schweinebratenaufschnitt

evtl. etwas Rucola (Rauke)

Pro Portion:
E: 22 g, F: 49 g, Kh: 14 g, kcal: 575

1. Für das Pesto Pinienkerne in einer Pfanne ohne Fett hellbraun rösten und auf einem Teller etwas abkühlen lassen.

2. Knoblauch abziehen und in kleine Würfel schneiden. Rucola putzen und die dicken Stiele abschneiden. Rucola abspülen, trocken tupfen und etwas zerkleinern.

3. Die vorbereiteten Zutaten mit 1 gestrichenen Teelöffel Salz in einen hohen Rührbecher geben und mit einem Pürierstab pürieren. Olivenöl nach und nach hinzufügen und gut verrühren. Käse unterrühren. Mit Salz und gemahlenem Pfeffer würzen.

4. Zucchini abspülen, abtrocknen und die Enden abschneiden. Zucchini evtl. längs halbieren und in Scheiben schneiden. Champignons putzen, evtl. kurz abspülen, gut trocken tupfen und vierteln.

5. Brühe mit Essig, Zucker, Salz und gemahlenem Pfeffer in einem kleinen Topf zum Kochen bringen und aufkochen lassen. Den Topf von der Kochstelle nehmen. Olivenöl unterschlagen.

6. Zucchinischeiben und Champignonviertel in eine Schüssel geben, mit der Marinade übergießen und etwas durchziehen lassen.

7. Kartoffeln pellen und in Scheiben schneiden. Tomaten kreuzweise einschneiden und mit kochendem Wasser übergießen. Nach 1–2 Minuten herausnehmen und mit kaltem Wasser abschrecken. Tomaten häuten, halbieren und die Stängelansätze herausschneiden. Tomaten in Scheiben schneiden. Bratenaufschnitt in Streifen schneiden.

8. Zucchinischeiben und Champignonviertel abwechselnd mit Kartoffel-, Tomatenscheiben und Fleischstreifen in eine hohe Glasschale schichten. Jeweils etwas Pesto auf den einzelnen Schichten verteilen. Kartoffelscheiben mit Salz bestreuen. Die oberste Schicht soll aus Pesto bestehen.

9. Den Salat nach Belieben mit vorbereitetem Rucola garniert servieren.

T TIPP:

Wer den Schichtsalat etwas pikanter mag, mixt das Pesto noch mit 1 Teelöffel Sambal Oelek auf.

Kartoffelsalate mit Fleisch und Wurst

Lieblingsrezept Nr.

33

KARTOFFELSALAT MIT MERGUEZ

Zubereitungszeit: 35 Minuten
Bratzeit: 15–20 Minuten

ZUTATEN FÜR 4 PORTIONEN

800 g kleine Kartoffeln, z. B. Drillinge
4 Merguez (pikante französische Hackfleisch-Bratwurst), je etwa 100 g
2 EL Olivenöl
1 TL Fenchelsamen
1 rote Zwiebel
1 Römer-Salatherz
2 EL Pekannusskerne (etwa 30 g)
1 EL frische Thymianblättchen
4 EL Apfel- oder Sherryessig
etwas flüssiger Honig
200 g Fetakäse
1 EL Weizenmehl
2 EL Sonnenblumenöl

Pro Portion:
E: 25 g, F: 54 g, Kh: 30 g, kcal: 715

1. Kartoffeln gründlich waschen und in einem Topf in kochendem Salzwasser, knapp mit Wasser bedeckt, in 10–15 Minuten gar kochen.

2. In der Zwischenzeit von den Würstchen die Pelle abziehen, Hackfleischmasse in kleine Stücke zupfen. 1 Esslöffel von dem Olivenöl in einer Pfanne erhitzen. Die Hackfleischstücke darin von allen Seiten scharf anbraten. Fleischstücke aus der Pfanne nehmen. Die Pfanne beiseitestellen.

3. Fenchelsamen grob hacken oder im Mörser zerstoßen. Zwiebel abziehen halbieren und in Halbmonde schneiden. Salat putzen, halbieren und den Strunk entfernen. Salat in Streifen schneiden, abspülen, trocken tupfen oder trocken schleudern.

4. Gegarte Kartoffeln abgießen und gut ausdampfen lassen. Die Kartoffeln halbieren und in der beiseitegestellten Pfanne in dem verbliebenen Bratfett 4–5 Minuten unter Wenden anbraten. Mit Salz und Pfeffer würzen, Pekannusskerne, Fenchel, Thymianblättchen und angebratene Merguezstücke mit in die Pfanne geben und durchschwenken. Dann mit der Hälfte des Essigs ablöschen und alles in eine Schüssel geben.

5. Zwiebel, restlichen Essig und restliches Olivenöl zum Salat in die Schüssel geben. Den Salat mit Salz, gemahlenem Pfeffer und etwas Honig abschmecken.

6. Salatstreifen auf einer Platte oder auf 4 Tellern verteilen und den noch warmen Kartoffelsalat darauf anrichten.

7. Fetakäse in 4 gleich große Scheiben schneiden und gut in dem Mehl wenden. Sonnenblumenöl in einer Pfanne erhitzen – Öl darf gut heiß sein – mehlierte Fetakäsescheiben nebeneinander in das heiße Öl legen und etwa 30 Sekunden braten.

8. Dann die Fetakäsescheiben mithilfe eines Pfannenwenders und einer Gabel wenden und von der anderen Seite ebenfalls etwa 30 Sekunden braten. Fetakäsescheiben mit dem Pfannenwender aus der Pfanne heben und auf dem Kartoffelsalat anrichten. Salat sofort servieren.

TIPP:

Pekannusskerne können durch Pinienkerne oder Pistazienkerne ersetzt werden.

Lieblingsrezept Nr.
34

SCHWEDISCHER KARTOFFEL-KRABBEN-SALAT

Zubereitungszeit: 40 Minuten, ohne Abkühl- und Durchziehzeit
Garzeit: 20–25 Minuten

ZUTATEN FÜR 4 PORTIONEN

- 500 g festkochende Kartoffeln
- 100 g TK-Erbsen
- 1 Apfel
- 125 g Krabbenfleisch
- 100 g geraspelte rohe Sellerie
- 125 g Salatmayonnaise
- 1 EL Estragonsenf
- 1 EL Meerrettich (aus dem Glas)
- Saft und Abrieb von 1 Bio-Zitrone (unbehandelt, ungewachst)
- 1 gestr. EL Honig

Pro Portion:
E: 11 g, F: 12 g, Kh: 28 g, kcal: 270

1. Kartoffeln gründlich waschen, abtropfen lassen und in einem Topf in kochendem Salzwasser, knapp mit Wasser bedeckt, 20–25 Minuten garen. Kartoffeln abgießen, mit kaltem Wasser abschrecken, abtropfen lassen, sofort pellen und lauwarm abkühlen lassen. Kartoffeln in kleine Würfel schneiden und in eine große Schüssel geben.

2. Erbsen in etwas kochendem Salzwasser etwa 3 Minuten garen. Anschließend auf ein Sieb geben, mit eiskaltem Wasser übergießen und abtropfen lassen.

3. Apfel schälen, vierteln, entkernen und in kleine Würfel schneiden. Erbsen, Apfelwürfel, Krabbenfleisch und Selleriraspel zu den Kartoffelwürfeln geben und vorsichtig untermischen.

4. Mayonnaise mit Senf, Meerrettich, Zitronensaft und -abrieb und Honig verrühren und vorsichtig unter die Salatzutaten heben. Mit Salz und gemahlenem Pfeffer würzen.

5. Den Salat etwas durchziehen lassen. Vor dem Servieren nochmals mit den Gewürzen abschmecken. Nach Belieben mit Zitronenscheiben anrichten.

TIPP:

Salat mit hart gekochtem Ei (2 Eier längs geviertelt) garnieren. Gebuttertes Schwarz- oder Vollkornbrot zum Salat reichen.

Lieblingsrezept Nr.
35

KARTOFFELSALAT MIT SHRIMPS

🕐 Zubereitungszeit: 25 Minuten, ohne Abkühlzeit
Garzeit: 20–25 Minuten

ZUTATEN FÜR 12 PORTIONEN

1 ½ kg Frühkartoffeln
1 Salatgurke (etwa 600 g)
400 g Gouda
6 hart gekochte Eier
250 g in Öl marinierte Shrimps oder Garnelen

Für die Sauce:
1 Bund Dill (alternativ 1 Pck. TK-Dill)
1 EL mittelscharfer Senf
6 EL Kräuteressig
8 EL Öl von den Garnelen (alternativ Sonnenblumenöl)

Pro Portion:
E: 17 g, F: 21 g, Kh: 17 g, kcal: 326

1. Kartoffeln gründlich waschen und in einem Topf in kochendem Salzwasser, knapp mit Wasser bedeckt, 20–25 Minuten garen. Kartoffeln abgießen, abdämpfen, pellen und erkalten lassen. Die Kartoffeln je nach Größe evtl. längs halbieren und in Scheiben schneiden.

2. Gurke waschen, abtrocknen und die Enden abschneiden. Die Gurke der Länge nach vierteln, nach Belieben die Kerne herausschneiden und die Gurke in feine Scheiben schneiden.

3. Gouda entrinden und in feine Würfel schneiden. Eier pellen und in kleine Würfel schneiden. Shrimps oder Garnelen abtropfen lassen, dabei das Öl auffangen und 8 Esslöffel für die Sauce abmessen.

4. Für die Sauce Dill kalt abspülen, trocken schütteln, die Spitzen von den Stängeln zupfen und fein schneiden. Senf mit Essig, Salz, gemahlenem Pfeffer und 1 Prise Zucker verrühren. Öl unterschlagen und Dill unterrühren.

5. Die Salatzutaten mit der Sauce in einer Schüssel vorsichtig mit einem Teigschaber mischen und evtl. nochmals mit den Gewürzen abschmecken.

T TIPPS:

Wer den Kartoffelsalat vorbereiten möchte, kann die Kartoffeln bereits am Vortag kochen und mit der Sauce und zusätzlich etwa 150 ml Gemüsebrühe mischen und über Nacht gekühlt durchziehen lassen.
Die übrigen Zutaten kurz vor den Servieren zubereiten und mit den marinierten Kartoffeln dann mischen und anrichten.

Köstlich lässt sich der Salat auch mit pochiertem Lachsfilet statt der Garnelen anrichten. Dazu den Boden einer Pfanne mit Wasser und dem Saft einer ½ Zitrone bedecken, mit Salz, Pfeffer und 1 Prise Zucker würzen und zugedeckt aufkochen. 600 g Lachsfilet mit der Hautseite nach unten hineinlegen und zugedeckt etwa 10 Minuten pochieren. Das Lachsfilet abkühlen lassen und grob zerzupft vor dem Servieren auf dem Salat verteilen.

Lieblingsrezept Nr.

36

KARTOFFEL-GURKENSALAT MIT RÄUCHERFORELLE

Zubereitungszeit: 30 Minuten, ohne Durchziehzeit
Garzeit: etwa 15 Minuten

ZUTATEN FÜR 4–6 PORTIONEN

750 g kleine Kartoffeln, z. B. Drillinge

Für die Salatsauce:
1 kleine Zwiebel
50 ml Weißweinessig
50 g flüssiger Honig
1 Bund Dill
1 Bio-Zitrone (unbehandelt, ungewachst)
1 Msp. Cayennepfeffer
100 g Salatmayonnaise
100 g Crème fraîche
100 g Joghurt (3,5 % Fett)
2 EL Meerrettich (aus dem Glas)

1 große Salatgurke
1 Avocado
250 g geräucherte Forellenfilets
100 g Feldsalat

Pro Portion:
E: 21 g, F: 41 g, Kh: 46 g, kcal: 653

1. Kartoffeln unter fließendem kalten Wasser abbürsten, abtropfen lassen, längs halbieren und in kochendem Salzwasser etwa 15 Minuten garen.

2. Für die Salatsauce die Zwiebel abziehen, fein würfeln und in einen hohen Mixbehälter geben. Essig, Honig und ½ Teelöffel Salz hinzugeben und mit einem Pürierstab fein pürieren. Dill abspülen, trocken tupfen und die Spitzen von den Stängeln zupfen, Spitzen klein schneiden.

3. Zitrone heiß abwaschen, abtrocknen und die Schale fein abreiben. Zitrone halbieren und den Saft auspressen. Zitronenabrieb, -saft, Cayennepfeffer, Mayonnaise, Crème fraîche, Joghurt, Meerrettich und ⅔ von dem Dill in den Mixbehälter geben und mit einem Schneebesen mit den pürierten Zwiebeln glatt verrühren.

3. Gegarte Kartoffeln abgießen, kurz ausdampfen lassen und in einer Salatschüssel erkalten lassen.

4. Salatgurke abspülen, abtrocknen und die Enden abschneiden. Gurke längs halbieren und das Kerngehäuse mit einem Teelöffel herausschaben. Gurkenhälften in etwa ½ cm dicke Scheiben schneiden und zu den Kartoffeln in die Schüssel geben. Avocado halbieren, den Stein entfernen und das Fruchtfleisch mithilfe eines Löffels aus der Schale heben. Das Fruchtfleisch in Scheiben schneiden und ebenfalls zu den Kartoffeln geben.

5. Etwa ⅔ der Forellen in kleine Stücke zupfen und zusammen mit der Salatsauce zu den Kartoffeln geben. Alle Zutaten vorsichtig mit einem Teigschaber vermischen und den Salat etwa 1 Stunde durchziehen lassen.

6. Von dem Feldsalat die Wurzelenden abschneiden. Salat verlesen, mehrmals gründlich waschen und trocken schleudern.

7. Zum Servieren Feldsalat mit dem Kartoffel-Gurkensalat auf Tellern oder einer Platte anrichten. Restliches Forellenfilet klein zupfen und mit dem restlichen Dill auf dem Salat verteilen.

Lieblingsrezept Nr.

37

75

KARTOFFEL-MATJES-SALAT MIT ROTER BETE

Zubereitungszeit: 50 Minuten,
Kühlzeit: 4–6 Stunden

ZUTATEN FÜR 8 PORTIONEN

12 Matjesfilets (je etwa 60 g)
6 mittelgroße Zwiebeln
8–10 abgetropfte Gewürzgurken (aus dem Glas)
6 große gegarte Pellkartoffeln
6 hart gekochte Eier
220 g abgetropfte Rote Bete in Scheiben (aus dem Glas)

Für die Salatsauce:

4 EL (etwa 150 g) Salatmayonnaise (50 % Fett)
450 g Joghurt (3,5 % Fett)
100 g Schlagsahne
1 gestr. TL mittelscharfer Senf
2 TL Meerrettich (aus dem Glas)

Nach Belieben zum Garnieren:

evtl. 3 hart gekochte Eier
evtl. 2 EL klein geschnittene Kräuter, z. B. Dill und Petersilie

Pro Portion:
E: 27 g, F: 36 g, Kh: 21 g, kcal: 519

---

1. Matjesfilets evtl. entgräten, jedes Filet in 4–5 Stücke schneiden. Zwiebeln abziehen, halbieren und in Streifen schneiden.

2. Gewürzgurken in Scheiben schneiden. Kartoffeln pellen, längs halbieren und in Scheiben schneiden. Eier pellen und ebenfalls in Scheiben schneiden. Rote Bete evtl. trocken tupfen.

3. Für die Sauce Mayonnaise mit Joghurt, Sahne, Senf und Meerrettich verrühren. Mit Salz, gemahlenem Pfeffer und etwas Zucker würzen.

4. Nacheinander jeweils Matjesstücke, Zwiebel-, Gurken-, Kartoffel-, Eier- und Rote-Bete-Scheiben in Gläser schichten. Etwas Salatsauce daraufgeben.

5. Die restlichen Salatzutaten in der gleichen Reihenfolge einschichten. Restliche Salatsauce darauf verteilen. Den Salat im Kühlschrank zugedeckt 4–6 Stunden durchziehen lassen.

6. Nach Belieben vor dem Servieren Eier pellen, halbieren, fein hacken, zusammen mit den Kräutern auf dem Salat verteilen.

**Rezeptvariante:
Flämischer Kartoffelsalat**
Für 4–6 Portionen 800 g kleine gekochte Pellkartoffeln pellen, zuerst in etwa ½ cm dicke Scheiben, dann in Streifen schneiden. 6 Matjesfilets in Würfel schneiden, evtl. vorhandene Gräten dabei entfernen. 2 Stauden Chicorée (je 150 g) putzen, halbieren, jeweils den Strunk keilförmig herausschneiden. Chicorée waschen, abtropfen lassen und in Streifen schneiden. Die vorbereiteten Salatzutaten in eine Schüssel geben. Für die Sauce 2 Zwiebeln abziehen und in kleine Würfel schneiden. 2 Stängel Estragon und 1 Bund Kerbel abspülen und trocken tupfen. Die Blättchen von den Stängeln zupfen. Blättchen klein schneiden. 6 Esslöffel Fleischbrühe mit 4 Esslöffeln Weißweinessig, 1 Teelöffel Salz und gemahlenem Pfeffer verrühren. 6 Esslöffel Distelöl unterschlagen. Zwiebelwürfel und Kräuter unterrühren. Die Sauce zu den Salatzutaten geben und vorsichtig untermengen. Den Salat etwa 30 Minuten zugedeckt durchziehen lassen. Den Salat vor dem Servieren nochmals vorsichtig mischen und evtl. mit Salz und Pfeffer abschmecken.

Lieblingsrezept Nr.

38

KARTOFFELSALAT MIT THUNFISCH

🕒 Zubereitungszeit: 50 Minuten, ohne Durchziehzeit

ZUTATEN FÜR 4–6 PORTIONEN

2 rote Zwiebeln
250 g Salatmayonnaise (50 % Fett)
2 Pck. (je 500 g) Baked Potatoes (aus dem Kühlregal)
2 Dosen Thunfisch in Öl (Abtropfgewicht je 150 g)
200 g Staudensellerie
1 Bund glatte Petersilie
200 g Cocktailtomaten
1 rote Paprikaschote
Weißweinessig

Pro Portion:
E: 10 g, F: 29 g, Kh: 19 g, kcal: 394

1. Zwiebeln abziehen und in kleine Würfel schneiden. Mayonnaise mit den Zwiebelwürfeln verrühren.

2. Kartoffeln pellen und in grobe Würfel schneiden. Thunfisch abtropfen lassen, mit einer Gabel zerpflücken.

3. Sellerie putzen und die harten Außenfäden abziehen. Stangen abspülen, abtropfen lassen und in feine Scheiben schneiden. Petersilie abspülen und trockentupfen. Die Blättchen von den Stängeln zupfen. Blättchen klein schneiden.

4. Tomaten waschen, trockentupfen und evtl. halbieren. Paprika halbieren, entstielen, entkernen und die weißen Scheidewände entfernen. Schote waschen, trockentupfen und in feine Streifen schneiden.

5. Kartoffelwürfel, Thunfisch, Selleriescheiben, Petersilie und Paprikastreifen in eine Schüssel geben. Mayonnaise vorsichtig mit einem Teigschaber untermischen. Den Salat mit Essig, Salz, Pfeffer und Zucker abschmecken, etwa 20 Minuten durchziehen lassen.

**Rezeptvariante:
Kartoffel-Bohnen-Salat mit Thunfisch**

Für 8 Portionen 8 mittelgroße festkochende Kartoffeln schälen, abspülen, abtropfen lassen und in Würfel schneiden. Kartoffelwürfel knapp mit Salzwasser bedeckt, zugedeckt zum Kochen bringen. Die Kartoffeln in etwa 8 Minuten bissfest kochen. Kartoffeln in ein Sieb abgießen und erkalten lassen. Von 400 g Prinzessbohnen die Spitzen und Enden abschneiden, in etwa 3 cm lange Stücke schneiden. 8 Stängel Bohnenkraut abspülen und trocken tupfen. Die Bohnenstücke mit 4 Stängeln Bohnenkraut in kochendem Salzwasser etwa 5 Minuten blanchieren. Dann in ein Sieb abgießen, mit kaltem Wasser abspülen und gut abtropfen lassen. 8 Tomaten kreuzweise einschneiden und mit kochendem Wasser übergießen. Nach 1–2 Minuten herausnehmen und mit kaltem Wasser abschrecken. Tomaten enthäuten, vierteln und die Stängelansätze herausschneiden. Tomaten entkernen, das Fruchtfleisch in kleine Stücke schneiden. 4 kleine rote Zwiebeln abziehen, 2 Salatgurken schälen, beides in kleine Stücke schneiden. Die vorbereiteten Salatzutaten in eine große Schüssel geben und vorsichtig vermischen. Für das Dressing den Saft von 1 Zitrone mit Salz und gemahlenem Pfeffer verrühren. 6 Esslöffel Olivenöl unterschlagen. Vom restlichen Bohnenkraut die Blättchen abzupfen, fein hacken und unter das Dressing rühren. Salat und Dressing getrennt und zugedeckt bis zum Servieren in den Kühlschrank stellen. Das Dressing zu den Salatzutaten geben und untermischen. 400 g abgetropften Thunfisch in Öl (aus der Dose) mit einer Gabel auseinanderzupfen. Den Salat auf einer flachen Platte anrichten. Die Thunfischstücke und nach Belieben abgetropfte schwarze Oliven darauf verteilen.

Lieblingsrezept Nr.
39

KATALANISCHER KARTOFFELSALAT

Zubereitungszeit: 45 Minuten, ohne Abkühl- und Durchziehzeit
Garzeit: 20–25 Minuten
Mit Alkohol

ZUTATEN FÜR 4–6 PORTIONEN

600 g kleine festkochende Kartoffeln
je 1 rote, grüne und gelbe Paprikaschote (etwa 600 g)
40 g abgetropfte Sardellenfilets (aus dem Glas)
1 Bund Basilikum
80 g abgetropfte Kapernäpfel (aus dem Glas)
170 g abgetropfte schwarze Oliven ohne Stein (aus dem Glas)

Für die Salatsauce:
100 g Salatmayonnaise (50 % Fett)
50 ml Sherry
2 EL Weißweinessig
Knoblauchpulver

Pro Portion:
E: 6 g, F: 23 g, Kh: 22 g, kcal: 336

1. Kartoffeln gründlich waschen, in einem Topf in kochendem Salzwasser, knapp mit Wasser bedeckt, 20–25 Minuten garen. Kartoffeln abgießen, mit kaltem Wasser abschrecken, abtropfen lassen, sofort pellen und lauwarm abkühlen lassen. Kartoffeln in Scheiben schneiden und in eine große Schüssel geben.

2. Paprikaschoten halbieren, entstielen, entkernen und die weißen Scheidewände entfernen. Die Schoten abspülen, abtropfen lassen und in Würfel schneiden. Paprikawürfel in kochendem Salzwasser 2–3 Minuten blanchieren, anschließend in ein Sieb geben, mit kaltem Wasser übergießen und abtropfen lassen.

3. Sardellenfilets evtl. kurz wässern und in kleine Stücke schneiden. Basilikum abspülen, trocken tupfen und die Blättchen von den Stängeln zupfen (einige Blättchen beiseitelegen). Blättchen klein zupfen oder schneiden.

4. Paprikawürfel, Kapernäpfel, Oliven, Sardellenfiletstücke und Basilikum zu den Kartoffelscheiben geben und gut untermischen.

5. Für die Sauce Mayonnaise mit Sherry und Essig verrühren. Mit Salz, Pfeffer und Knoblauch abschmecken. Die Salatsauce zu den Salatzutaten geben und unterheben.

6. Den Salat im Kühlschrank zugedeckt einige Stunden durchziehen lassen. Vor dem Servieren mit den beiseitegelegten Basilikumblättchen garnieren.

Lieblingsrezept Nr.

40

MARITIMER KARTOFFELSALAT

Zubereitungszeit: 60 Minuten, ohne Abkühl- und Durchziehzeit
Garzeit: 20–25 Minuten
Mit Alkohol

ZUTATEN FÜR 6 PORTIONEN

750 g festkochende Kartoffeln

2 Bund Frühlingszwiebeln

500 g Räucherlachs oder Graved Lachs

2–3 Fleischtomaten

100 g Forellenkaviar (aus dem Glas)

Für die Sherry-Senf-Sauce:

50 ml Sherry medium

2–3 EL Weißweinessig

etwa 40 ml Gemüsebrühe oder Orangensaft

1–2 EL körniger Senf

Abrieb und Saft von 1/2 Bio-Zitrone (unbehandelt, ungewachst)

65 ml Speiseöl, z. B. Maiskeimöl

etwas Knoblauchpulver

1 Kästchen Gartenkresse

Pro Portion:
E: 25 g, F: 22 g, Kh: 22 g, kcal: 409

1. Kartoffeln gründlich waschen, in einem Topf in kochendem Salzwasser, knapp mit Wasser bedeckt, 20–25 Minuten garen. Kartoffeln abgießen, mit kaltem Wasser abschrecken, abtropfen und abkühlen lassen. Die Kartoffeln pellen, in Scheiben schneiden und in eine große Schüssel geben.

2. Frühlingszwiebeln putzen, abspülen, abtropfen lassen und in etwa 2 cm lange Stücke schneiden. Die Zwiebelstücke in kochendem Salzwasser etwa 1 Minute blanchieren, in ein Sieb geben, mit kaltem Wasser abschrecken und abtropfen lassen.

3. Lachs in kleine Stücke schneiden. Tomaten abspülen, trocken tupfen, vierteln, entkernen und die Stängelansätze herausschneiden. Tomatenviertel in kleine Stücke schneiden.

4. Frühlingszwiebel-, Lachs- und Tomatenstücke zu den Kartoffelscheiben geben und vorsichtig untermischen. Etwas vom Forellenkaviar unterheben.

5. Für die Sauce Sherry mit Essig, Brühe oder Saft, Senf und Zitronenabrieb und -saft verrühren, mit Salz und gemahlenem Pfeffer würzen. Speiseöl unterschlagen. Die Sauce mit Salz, Pfeffer und Knoblauch abschmecken und unter die Salatzutaten heben. Den Salat zugedeckt etwa 1 Stunde im Kühlschrank durchziehen lassen.

6. Kresse abspülen, trocken tupfen und vom Beet abschneiden. Den Salat nochmals vorsichtig umrühren, abschmecken und auf einer großen Platte anrichten. Den Salat mit der Kresse bestreuen und mit dem restlichen Forellenkaviar garnieren.

TIPP:

Die Kartoffeln bereits am Vortag kochen und erkalten lassen.

Lieblingsrezept Nr.

41

RATGEBER

DIE KARTOFFELSORTE MACHT'S!
Wählen Sie für den Kartoffelsalat die passende Sorte:

Festkochend: Ideal für Salate, Salz-, Pell- oder Bratkartoffeln (Sorten: z. B. Annabelle, Linda, Nicola, Sieglinde, Bamberger Hörnchen)

Vorwiegend festkochend: Richtig für Salz-, Pell- oder Bratkartoffeln, Folienkartoffeln (Sorten: z. B. Berber, Laura, Granola, Marabel, Quarta)

KARTOFFELN VERARBEITEN
Generell gilt: Möglichst frische Ware ohne grüne Stellen und Keime verwenden. Und wenn Sie dann diese Tipps beachten, kann nichts mehr schiefgehen:
- Wählen Sie für perfekte Pellkartoffeln möglichst gleich große Kartoffeln aus, damit alle zur gleichen Zeit gar sind.
- Neue Kartoffeln haben eine so dünne Schale, dass man sie mitessen sollte, denn so behält die Kartoffel ihre Mineralstoffe besser. Waschen oder bürsten Sie sie vor der Zubereitung einfach gründlich ab.
- Damit das verbliebene Kochwasser am Topfboden nach dem Abgießen verdampft, schwenken Sie den offenen Topf leicht auf der heißen Herdplatte. Sie können auch ein Küchentuch oder -papier zwischen Topf und Deckel legen.
- Salzkartoffeln garen gleichmäßig, wenn Sie die geschälten Kartoffeln in etwa gleich große Stücke schneiden.
- Kartoffeln verfärben sich schnell: Daher erst kurz vor dem Zubereiten schälen und in kaltes Wasser legen.

PELLKARTOFFELN

1. Für 4 Portionen 750 g festkochende oder vorwiegend festkochende Kartoffeln, unter fließendem Wasser abbürsten.

2. Die Kartoffeln in den Topf geben und so viel Wasser hinzufügen, dass die Kartoffeln knapp bedeckt sind. Etwa ½ Teelöffel Salz und 1 Teelöffel Kümmelsamen nach Belieben hinzugeben.

3. Die Kartoffeln zugedeckt zum Kochen bringen und in 20–25 Minuten, je nach Größe der Kartoffeln, gar kochen. Mit einem spitzen Messer prüfen, ob die Kartoffeln gar sind.

4. Die Kartoffeln abgießen, mit kaltem Wasser abschrecken und nochmals abgießen.
5. Die Kartoffeln je nach Art der Verwendung heiß oder noch warm mit einem Messer pellen.

DAS ANMACHEN IST ENTSCHEIDEND

Erst die passende Sauce bringt Ihren Kartoffelsalat geschmacklich optimal zur Geltung. Eine klassische Vinaigrette können Sie sogar auf Vorrat zubereiten. Die Basissaucen können Sie leicht abwandeln und durch unterschiedlichste Zutaten verfeinern. Wichtig ist nur, dass Sie dabei auf die Reihenfolge achten. Salz und evtl. Zucker müssen in Essig aufgelöst sein, ehe Sie das Öl hinzufügen. Nicht vergessen: Vinaigrette im Kühlschrank aufbewahren.

SALATSAUCE

Klassische Vinaigrette oder Essig-Öl-Marinade: Sie wird aus 1 Teil Essig und 2–3 Teilen Speiseöl zubereitet. Lösen Sie zuerst das Salz in dem Essig auf. Danach schlagen Sie das Öl so lange unter, bis sich eine sämige Emulsion gebildet hat. Würzen Sie nach Belieben mit frisch gemahlenem Pfeffer, fein gehackten Zwiebeln, Schalotten, Knoblauch oder fein geschnittenen Küchenkräutern.

Mayonnaise: Für Saucen mit selbst gemachter Mayonnaise nur ganz frische Eier verwenden (Legedatum beachten, mind. 23 Tage Resthaltbarkeit!). Den fertigen Salat im Kühlschrank aufbewahren und innerhalb von 24 Stunden verzehren. Mayonnaise-Saucen können etwas fettärmer zubereitet werden, wenn ein Teil der Mayonnaise durch Quark oder Joghurt ersetzt wird.

ESSIG UND ÖL

Von dominant bis geschmacksneutral – durch die Wahl der Essig- und Ölsorte für die Sauce können Sie den Geschmack eines Kartoffelsalates beeinflussen. Wein- und Kräuteressige sind sehr vielfältig einsetzbar, während ein dunkler oder heller Balsamico-Essig nur zu bestimmten Salaten passt. Sonnenblumenöl, Maiskeimöl oder Rapsöl sind sehr zurückhaltend, Olivenöl oder Nussöle dagegen schmeckt man sofort. Möglichst hochwertige, kalt gepresste Öle verwenden, diese erhöhen nicht nur das Geschmackserlebnis, sondern sind auch besonders gesund.

KARTOFFELSALATE AUFPEPPEN

Sie können Salat ganz individuell zubereiten und je nach Geschmack „aufpeppen" – mit Käsestreifen, Eierscheiben, Dosenmais, fertig gegarten Hähnchenstreifen, Thunfisch- oder Wurststückchen, Nüssen, Samen und anderen Zutaten.

REGISTER

KLASSISCHE KARTOFFELSALATE

Kartoffelsalat mit Mayonnaise 4
Süddeutscher Kartoffelsalat 4
Kartoffelsalat mit Speck und Zwiebeln 6
Schneller Kartoffelsalat 8
Kartoffel-Gurken-Salat 8
Steirischer Kartoffelsalat 10
Pikanter Kartoffelsalat 12
Kartoffelsalat mit Frischkäse-Dressing 12
Kartoffelsalat mit Pesto 14
Mamas Kartoffelsalat 14
Warmer Kartoffelsalat 16
Kartoffelsalat mit Bacon 16

VEGETARISCHE KARTOFFELSALATE

Kartoffel-Bohnen-Salat mit
   Schafskäsesauce 18
Kartoffelsalat mit
   Blauschimmel-Creme-Topping 20
Kartoffel-Spargel-Salat 22
Kartoffel-Gemüse-Salat 22
Fruchtiger Kartoffelsalat 24
Leichter Kartoffelsalat 24
Provenzalischer Kartoffelsalat 26
Kartoffelsalat mit Tahina-Sauce 28
Kartoffel-Eier-Salat 30
Kartoffelsalat mit Gurken und Radieschen . . . 30
Röstkartoffel-Paprika-Salat 32
Kartoffel-Kürbis-Salat 34
Kartoffel-Gurken-Salat 34
Kartoffelsalat mit Oliven und Dill 36
Kartoffelsalat mit Champignons und Kresse . 38
Orientalischer Kartoffelsalat 40
Kartoffel-Käse-Salat 42
Kartoffelsalat mit Mais 44
Kartoffelsalat mit Linsen 46
Kartoffel-Basilikum-Salat 48
Asiatischer Kartoffelsalat 50

KARTOFFELSALATE MIT FLEISCH UND WURST

Kartoffelsalat nach griechischer Art 52
Kartoffel-Schinken-Salat 54
Kartoffelsalat mit Kalbsbraten 56
Kartoffel-Hähnchen-Salat 58
Kartoffelsalat mit Hähnchen und Bärlauch . . . 58
Warmer Kartoffelsalat mit
   Schweinerückensteaks 60
Kartoffel-Pastrami-Salat 62
Wasabi-Kartoffel-Salat
   zu Sesam-Mettbällchen 64
Geschichteter Kartoffel-Pesto-Salat 66
Kartoffelsalat mit Merguez 68

KARTOFFELSALATE MIT FISCH UND MEERESFRÜCHTEN

Schwedischer Kartoffel-Krabben-Salat 70
Kartoffelsalat mit Shrimps 72
Kartoffel-Gurkensalat mit Räucherforelle . . . 74
Kartoffel-Matjes-Salat mit Roter Bete 76
Flämischer Kartoffelsalat 76
Kartoffelsalat mit Thunfisch 78
Kartoffel-Bohnen-Salat mit Thunfisch 78
Katalanischer Kartoffelsalat 80
Maritimer Kartoffelsalat 82

Ratgeber 84

IMPRESSUM

HINTER JEDEM TOLLEN BUCH STECKT EIN STARKES TEAM

Projektleitung: *Carola Reich*
Redaktion: *Annette Riesenberg*
Korrektorat: *Regina Rautenberg, Nützen*
Rezeptentwicklung: *Olaf Brummel, Steinhagen*
Nährwertberechnungen: *Nutri Service, Hennef, Angelika Ilies, Langen*
Gestaltungskonzept: *seidldesign.com, Wolfgang Seidl, Stuttgart*
Satz: *MDH Haselhorst, Bielefeld*
Titelgestaltung: *Büro 18, Friedberg/Bayern*
Herstellung: *Frank Jansen*
Producing: *Jan Russok*
Druck & Bindung: *optimal media GmbH, Röbel*

Alle Rechte vorbehalten. All rights reserved.
Das Werk darf – auch teilweise – nur mit Genehmigung des Verlags wiedergegeben werden.

UNSER VERLAGSHAUS

Mit Standorten in München, Hamburg und Berlin zählt die Edel Verlagsgruppe zu den größten unabhängigen Buchanbietern Deutschlands. Zur Edel Verlagsgruppe gehört unter anderem ZS mit seinen Lizenzmarken Dr. Oetker Verlag, Kochen & Genießen und Phaidon by ZS.

Die Bücher und E-Books unter der Marke Dr. Oetker Verlag erscheinen als Lizenz in der Edel Verlagsgruppe GmbH
www.oetker-verlag.de
www.facebook.com/Dr.OetkerVerlag
www.instagram.com/Dr.OetkerVerlag

---

3. Auflage 2022
© 20212 Edel Verlagsgruppe GmbH
Kaiserstraße 14 b
D–80801 München
ISBN: 978-3-7670-1821-1

BILDNACHWEIS

Titelfoto:
Kramp + Gölling, Reeßum-Platenhof

Foodfotografie:
Barbara Bonisolli, München (S. 15, 17, 47, 49, 59, 77);
Walter Cimbal, Hamburg (S. 61, 83);
Kramp + Gölling, Reeßum-Platenhof (Foodstyling Hermann Rottmann) (S.11, 25, 31, 39, 45, 51, 55, 57, 63, 69, 71, 75, 79, 81, 85, 87);
Studio Diercks Media GmbH (Kai Boxhammer, Silje Paul), Hamburg (S. 9, 23, 27, 29, 33, 37, 41, 73);
StockFood Studios / Meike Bergmann (S. 53);
Studio Eising, München (S. 19, 69, 84, 85);
Antje Plewinski, Berlin (S. 13, 21, 43, 65);
Axel Struwe, Bielefeld (S. 35)

LIEBE LESERINNEN, LIEBE LESER,

seit 130 Jahren gibt es Dr. Oetker Bücher, viele davon sind seit Jahrzehnten im Programm. Mit jedem Buch, mit jeder Aktualisierung eines unserer Klassiker erfinden wir uns neu. Was bleibt, ist immer der Kern unserer Bücher: praktisch müssen sie sein und funktionieren muss alles. Gerne auch mal den einen oder anderen Kniff anbieten, den Sie vielleicht noch nicht kannten. Deshalb kommen Ihnen die Dr. Oetker Bücher so modern und frisch und doch so vertraut vor.

Viel Spaß und viel Erfolg wünschen wir Ihnen auch mit diesem Buch.
Ihre Dr. Oetker Verlagsredaktion

Schluss mit der langen Rezeptsuche!

Das lange Durchsuchen der eigenen Kochbücher hat endlich ein Ende — die Rezept Scout-App verrät
ganz schnell und einfach, welches Rezept wo zu finden ist.

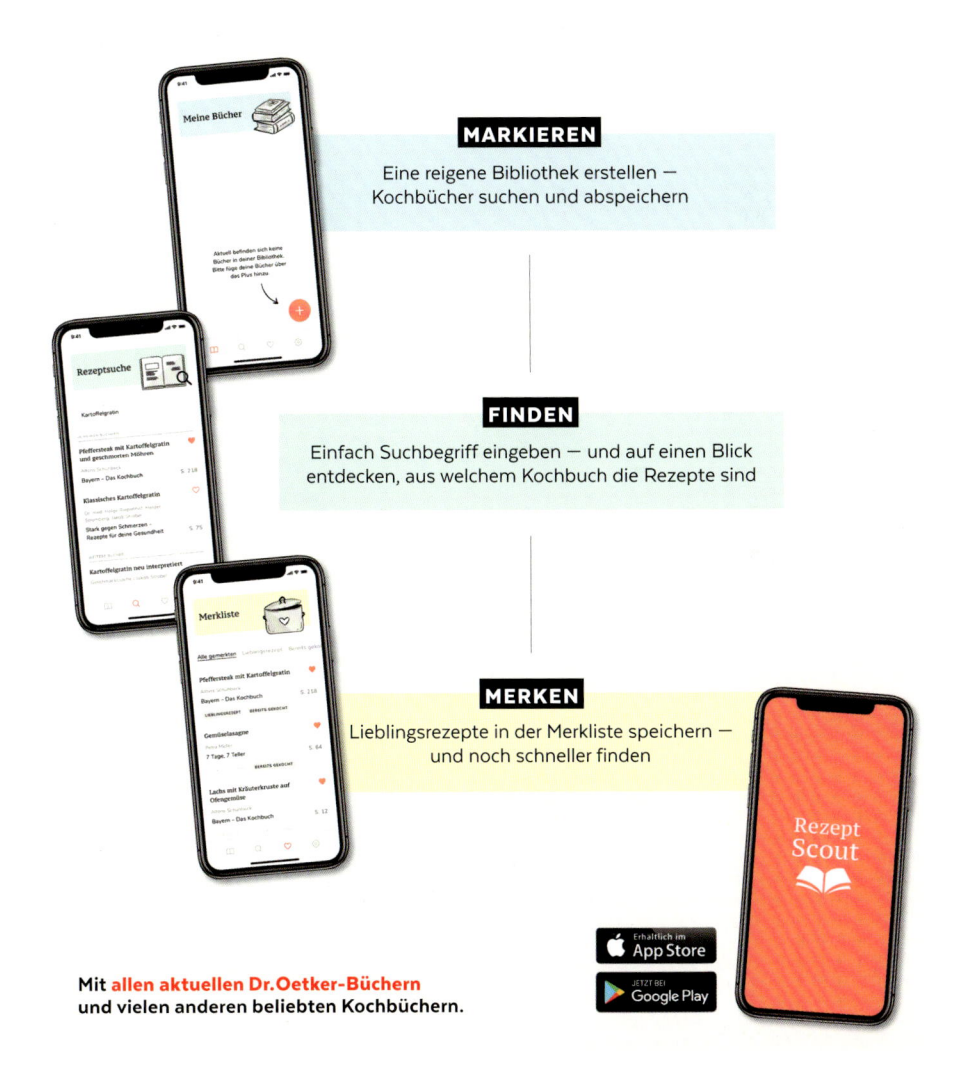

MARKIEREN

Eine reigene Bibliothek erstellen — Kochbücher suchen und abspeichern

FINDEN

Einfach Suchbegriff eingeben — und auf einen Blick entdecken, aus welchem Kochbuch die Rezepte sind

MERKEN

Lieblingsrezepte in der Merkliste speichern — und noch schneller finden

Mit **allen aktuellen Dr. Oetker-Büchern** und vielen anderen beliebten Kochbüchern.